# 1조 원의 사나이들

# 1조 원의 사나이들

정창원 지음

자수성가로 부자의 꿈을 이룬
**25인의 마법 같은 이야기**

매일경제신문사

## 프롤로그

이 책에는 맨손으로 시작해 1조 원의 꿈을 이미 이뤘거나 그 꿈을 향해 달리는 사람들의 현재 진행형 성공기가 담겨 있다. 그렇다면 누구나 맨손으로 시작해 1조 원을 벌 수 있을까.

사람들 대부분은 옛날이나 가능했지, 지금은 불가능하다고 말한다. 개천에서 용 나는 시절은 끝났다는 것이다. 더 나아가 요즘 젊은이들은 흙수저 논란에 절망한다. "열심히 공부해 대학 가서 결국은 치킨집 사장, 고등학교 다닐 때 놀다가 결국은 치킨집 사장"이라는 자조적인 이야기까지 나온다.

자수성가해서 매출액 1조 원이라는 큰 성공을 거둔 사람들은 이런 상황을 어떻게 생각할까. 그들은 요즘 젊은이들이 힘든 것은 맞지만, 과연 진정으로 깊은 절망에 빠져본 적이 있느냐고 반문한다. 그러면서 흙수저 논란에 대해 자신은 흙수저는커녕 밥 먹을 수저조차 없었다고 말한다. 하지만 한 번도 자신을 흙수저라고 생각하지 않았다며 스스로를 흙수저라고 표현하면 정말로 흙수저가 된다고 조언했다.

필자가 이 글을 쓰게 된 계기는 1997년 외환위기 때로 거슬러 올라간다. 당시 기자로서 부동산 분야를 취재하게 되었는데, 외환위기로 부동산 사업 대부분이 좌초되거나 중단된 상태였다. 그러다 보니 취재할 거리가 없어서 부동산 사업자들과 삼겹살이나 김치찌개에 소주 한잔하는 것이 유일한 낙이었다. 그들은 "언젠가는 성공할 거야"라고 외쳤지만 현실은 초라했다. 서로 술값을 나눠 내면서 그렇게 많은 이야기를 나눴다.

어려운 시절이 지나고 2000년대 초반 부동산 시장이 살아나자 어려운 시절을 겪었던 사업자들이 본격적으로 기지개를 펴기 시작했다. 부동산 프로젝트 1건을 할 때마다 많은 돈을 벌어들이면서 큰 기업으로 쑥쑥 성장했다.

그런 과정을 지켜보면서 큰돈을 번 기업인이라도 초창기에는 단돈 만 원이 없어 김치찌개에 소주 한잔하던 평범한 사람이었다는 사실을 알게 되었다. 또한, 현실이 아무리 초라하더라도 반드시 성공하겠다는 강한 신념으로 도전하면 누구나 성공할 수 있다는 생각이 들었다.

그러던 차에 MBN 〈경제포커스〉라는 프로그램의 진행을 맡게 되었다. 한 주간의 경제 이슈를 소개하고 경제계 인사와 대담을 하는 프로그램이었는데, 담당 PD와 의논한 끝에 자수성가한 CEO들을 모시고 그들의 이야기를 들어보기로 했다. 자수성가한 만큼 재미있는 사연이 많아서 시청률에 도움이 될 것이란 노림수도 있었음을 솔직히 고백한다.

프로그램의 이름은 4년여 동안 〈경제포커스〉에서 〈경제플러스〉, 〈토요포커스〉로 바뀌었지만, 그들의 이야기에 담긴 땀과 눈물, 성취감은 시청자에게 꾸준히 커다란 감동을 주었다. 그래서 그들의 이야기를 더 많은 사람과 나누기 위해 이 글을 쓰게 되었다.

그런데 필자는 그들의 이야기 속에서 공통점을 발견할 수 있었다.

먼저 그들에겐 꿈이 있었다. 물론 꿈은 상황에 따라 변하기 마련이다. 꿈을 향해 뛰다 보면 때로는 그 꿈을 수정하기도 하고, 때로는 또 다른 꿈이 생겨나기도 한다. 결국 꿈은 자신이 처한 위치에서 최선을 다해야 하는 목표라고 할 수 있다. 그렇다고 커다란 꿈만이 정답은 아니다. 일단 작은 꿈부터 최선을 다하고, 그 다음에 조금 더 큰 꿈을 꾸면서 전진해야 한다. 중요한 것은 멈추지 않는다는 것이다. 자신의 처지를 비관하고 핑계를 대기보다는 항상 새로운 꿈을 꾸면서 쉬지 않고 도전하는 자세가 중요하다.

두 번째, 그들은 그 꿈을 반드시 실현시키겠다는 간절함이 있었다. 꿈이 있다고 모두가 성공하는 것은 아니기 때문이다. 그들은 실패하더라도 포기하지 않았다. "하늘은 스스로 돕는 자를 돕는다"라는 격언을 항상 마음속에 간직하고, 성공할 때까지 수십 번씩 다시 도전했다.

세 번째, 그들은 자신이 최고라는 마음을 갖고 스스로를 믿었다. 그들 대부분은 회사 내에서 독불장군이란 애칭을 갖고 있었다. 사업 아이템부터 진행 여부와 진행 과정까지 최종적으로 그 스스로 판단해야 하기 때문이었다. 누구에게나 선택은 어려운 것이다. 하지만 자신의 모든 역량을 동원해 주어진 상황을 판단하고, 일단 결론을 내리면 흔들리지 않고 도전해야 한다. 비록 실패하더라도 값진 경험을 얻을 것이고 이를 토대로 뚝심 있게 밀고 나가면 언젠가는 성공할 수 있기 때문이다.

네 번째, 그들의 시선은 미래로 향해 있었다. 그들은 가끔 정상적인 사람의 눈으로 보면 말도 안 되는 몽상가적인 기질을 갖고 있었다. 그들은 5년, 10년 뒤에 열릴 시장을 미리 보면서 자기 혼자 미소를 짓고 있기 때문이다. 발은 현실에 딛고 시선은 미래로 향해 있었던 것이다. 이와 함께 관심 있는 분야는 호기심에 머물지 말고 완벽하게 파악하려고 노력해야 한다. 그러면 틈새가 보이고 실천으로 옮길 수 있는 기회가 생긴다.

마지막으로 그들은 주변의 신뢰를 얻고 있었다. 전인미답의 길을 걷다 보니 그들은 실수도 많이 했다. 자칫 회사가 망해버리기도 했다. 그때 그들을 다시 일으켜 세운 힘은 바로 주변 사람들의 신뢰였다. 모든 성공의 밑바탕에는 신뢰가 있다. 이것은 성공한 후에도 필요하다. 성공할수록 초심을 잃지 않고 주변 사람들에게 신뢰를 쌓아야 한다.

이 책이 나오기까지 지난 4년간 나와 호흡을 맞추며 프로그램을 같이 했던 전용 PD를 비롯해 〈토요포커스〉 제작진 그리고 자료 조사를 도와준 고민영·신수민 인턴 기자에게 특별한 감사를 드린다.

항상 나의 든든한 응원군인 MBN 경제부원과 아내 우영민에게 다시 한 번 고맙다는 말을 전하며, 이 책이 사랑하는 두 아이 진혁이와 가영이의 앞길에 나침반 역할을 하길 바란다.

CONTENTS

PART 01

# 20년 만에 1조 원을 벌다

PART 02

# 누구에게나 기회는 온다

PART 03

# 재미있는 일 없을까?

PART 04

# 장인 정신으로 최고가 되다

| 박정부 다이소아성산업 회장

| 서정진 셀트리온 회장

| 윤홍근 제너시스 BBQ 회장

| 이경수 코스맥스 회장

| 문주현 엠디엠 · 한국자산신탁 회장

| 윤윤수 FILA 회장

| 박종범 영산그룹 회장

PART
01

# 20년 만에
# 1조 원을 벌다

2017년은 1997년 외환위기가 발생한 지 20년이 되는 해다. 외환위기는 우리 삶의 모든 것을 바꿔버렸다. 한 번 입사하면 그 직장에서 평생 일하는 것이 당연했던 사람들에게 갑자기 이름도 생소한 구조조정의 칼날이 들이닥쳤다.

우리 사회에도 새로운 바람이 불어왔다. 부도가 난 회사의 물건을 값싸게 파는 땡처리 시장이 호황을 누리는가 하면, 해외 시장을 개척했던 회사들은 달러의 가치가 오르면서 급속도로 성장하게 되는 행운을 얻었다.

한편에서는 회사가 망하거나 강제로 구조조정을 당해 실업자가 된 사람들이 본격적인 창업에 나서기 시작했다. 뼈를 깎는 고통 속에서 성공한 이들은 농담 삼아 "만약 회사가 망하지 않았으면 내가 왜 그런 고생을 하면서 창업을 했겠어. 평범한 월급쟁이로 사는 것이 훨씬 마음이 편해"라고 말한다. 이들에게 위기는 곧 인생을 바꾸는 기회가 되었다.

우리 주변에서 손쉽게 만날 수 있는 다이소의 창업주 박정부 회장은 공대를 나와 공장장이 됐지만, 노조에 제대로 대처하지 못해 회사를 그만두고 창업을 하게 되었다. 그의 나이 44살이었다. 그는 일본에서 유행하는 100엔 숍이 우리나라에서도 유망할 것으로 생각하고 1997년 1,000원 매장을 열었다. 외환위기로 극심한 경제난을 겪던 사람들은 1,000원 매장에 몰려들었고, 품질 좋고 싸다는 입소문이 나면서 다이소는 매장을 연 지 17년 만에 매출액 1조 원을 돌파하였다. 하루 60만 명이 방문하는 다이소는 이제 우리에게 가장 친근한 생활 속 공간이 되었다.

바이오업계의 신화가 된 서정진 셀트리온 회장은 대우자동차에서 30대 임원으로 성공가도를 달리다가 외환위기로 사표를 내야 하는 처지에 몰렸다. 결국 회사를 그만둔 그는 남들이 벤처를 외칠 때 바이오산업에 뛰어들었다. 해외 시장 개척에 주력하던 그는 미국과 유럽 회사가 갖고 있던 항체 바이오 의약품 특허가 2013년부터 순차적으로 끝난다는 사실을 알게 되었다. 그는 곧바로 준비 작업에 들어갔다. 주변으로부터 사기꾼이란 소리까지 들었지만 갖은 어려움을 딛고 마침내 수십조 원 바이오 의약품 복제약 시장의 선두주자가 됐다.

윤홍근 제너시스 BBQ 회장은 어렸을 때부터 회사 사장님이 되겠다는 꿈을 키웠다. 미원그룹에 입사해서도 CEO의 마음가짐으로 일하며 새로운 사업 아이템을 구상했다. 그는 41살의 나이에 식품 회사 본부장 자리를 박차고 나와 치킨업체를 차렸다. 살던 집 전세금으로 회사를 차린 그는 더 이상 물러설 곳이 없다는 생각으로 생닭까지 직접 먹어보며 도전했다. 결국 그는 올리브유로 튀긴 치킨을 개발하면서 건강에 좋다는 이미지를 굳혀 국내 치킨 시장을 장악하게 되었다.

일반인에게는 낯설지만, 로레알과 에스티로더 등 해외 유명 화장품 회사들이 앞다퉈 평생 파트너가 되고 싶어 하는 회사가 바로 코스맥스다. 이경수 코스맥스 회장은 40대에 대웅제약 임원이 되었지만, 자기 사업을 하고 싶다는 욕심에 스스로 회사를 그만두었다. 그는 전문 제조업체가 약을 만들어 납품하는 제약업계의 OEM 방식이 화장품 업계에 없다는 점에 착안해 46살에 코스맥스를 설립하였다. 그리고 그는 해외 시장 개척에 집중하였다. 그 결과 로레알은 거래 4년 만에 코스맥스를 최고의 전략 파트너로 삼았고, 코스맥스는 이를 기반으로 미국과 인도네시아에 진출하였다. 지금은 중국 시장에서도 좋은 반응을 얻고 있다.

문주현 엠디엠·한국자산신탁 회장도 외환위기 때 다니던 건설 회사가 망했다. 30대에 임원이 되며 월급쟁이의 신화로 불렸지만, 졸지에 백수 신세로 전락한 것이다. 그는 고민 끝에 부동산 분양 시장에 뛰어들었다. 그리고 남들이 생각하지 못한 방식으로 오피스텔과 상가, 아파트 분양을 잇달아 성공시키면서 미다스의 손이라는 별명을 얻게 되었다. 외환위기가 그의 인생을 바꾼 것이다.

윤윤수 FILA 회장은 무역 회사에서 사회생활을 시작했다. 뛰어난 영어 실력을 바탕으로 37살에 당시 나이키 운동화로 유명했던 화승의 수출 담당 이사가 됐다. 하지만 그는 ET 인형에 승부수를 걸었다가 회사를 그만둬야 했다. 40살에 실업자가 된 그는 유명 스포츠 브랜드인 FILA에 신발이 없다는 것을 알게 된다. 그는 FILA 본사에 신발 사업을 제안해 큰 성공을 거두며 FILA코리아 대표가 되었다. 그는 FILA

본사가 경영 위기에 빠지자 본사 경영권 인수에 도전했고, 세계적인 브랜드 FILA를 자신의 손에 넣었다.

오스트리아의 기아자동차 법인장이던 박종범 영산그룹 회장은 외환위기로 한국 본사로부터 소환 명령을 받게 되었다. 이때 피바람이 부는 한국의 구조조정 소식을 들은 그는 "차라리 여기서 도전하자"며 사표를 던졌다. 그는 우크라이나에 사탕봉지용 필름을 공급하는 것으로 사업을 일으켰다. 하지만 제품에 하자가 발생하면서 수십억 원의 빚을 지게 된다. 그는 이를 성실히 갚았고 덕분에 시장의 신뢰를 얻을 수 있었다. 그렇게 한 번 신뢰가 쌓이자 동유럽 회사들이 잇달아 거래에 나서기 시작했다. 그는 현재 한국의 우수한 제품은 물론 전 세계 제품을 유럽과 아프리카 및 중앙아시아에 판매하고 있다.

## 1,000원짜리로 신화를 만들다

박정부 다이소아성산업 회장

1,000원, 옛날에는 제법 쓰임새가 많았지만 이제는 음료수 한 병도 못 살 정도로 값어치가 떨어졌다. 하지만 그런 1,000원이 소중하게 대접받는 곳이 있다. 바로 '다이소'다. 디자인도 예쁘고 제품도 조잡스럽지 않아 남녀노소 모두에게 폭발적인 인기를 끄는 곳이다. 친구들끼리 다이소에서 약속을 잡으면, 비록 다른 친구가 늦더라도 짜증이 나지 않는다. 화나는 일이 있을 때 큰 바구니를 들고 마구잡이로 사들여도 2만 원 남짓이면 화가 풀리는 마법의 공간이다.

우리나라에 그런 다이소를 만든 사람이 바로 박정부 회장이다. 그는 회장님 같은 느낌이 안 든다. 온화한 인상에 적당히 깐깐한 이미지로 회사 이익을 위해 충실하게 일하는 직장인의 모습이라고 할까. 그리고 장사꾼보다는 공대 출신 특유의 장인 정신이 느껴진다. 1,000원이란 가격에 제대로 된 품질을 갖추기 위해 전 세계 공장을 돌아다니고, 제품의 성능을 직접 하나하나 체크하면서 지금의 회사를 이끌어가고 있기 때문이다.

## 착실한 월급쟁이에서 사업가로 변신

박정부는 한양대학교 공업경영학과를 졸업하고 구로공단에서 전구, 형광등을 만드는 풍우실업을 다녔다. 지극히 평범한 일상이었다. 좋은 학력에 성실함을 더해 승진을 거듭했고 공장장에 올랐다. 하지만 회사에 위장 취업자를 중심으로 노조가 결성되면서, 사장으로부터 위기관리 능력이 없다는 질책을 받게 되었다. 그는 과연 계속 회사 생활을 해야 하는가를 놓고 고민에 빠졌다.

"남자로 태어났으면 사업 한번 해봐야지"라는 동생의 권유가 계기가 돼서 박정부는 입사한 지 16년 만에 회사를 그만두었다. 가족들의 반대가 심했지만 안정적인 생활 대신 성취감을 택했다.

1988년 44살의 나이로 맨 처음 시작한 회사는 '한일맨파워'였다. 한국기업 임직원들의 일본 연수와 세미나를 주로 지원하는 회사였다. 서서히 경험이 쌓이자 그는 일본 가전 회사와 자동차 회사의 요청을 받아 생활물품을 납품하는 무역업으로 사업 영역을 넓혀 나갔다.

1,000원 신화를 일궈낸 박정부 회장

## 한국에 1,000원 매장을 열다

일본 기업에 생활용품을 공급하던 박정부는 당시 일본에서 인기를 끌던 100엔 숍에 관심을 갖게 됐다. 그리고 그는 100엔 숍을 운영하는 다이소를 비롯한 여러 일본 균일가 회사에 제품을 공급하게 되었다. 하지만 일본 균일가 회사와의 거래는 어려웠다. 100엔 숍이다 보니 가격은 저렴하면서도 품질은 높아야 했다. 적당한 납품업체를 찾기가 하늘에서 별 따기였다. 그는 각고의 노력으로 그들의 요구에 맞는 제품을 찾아냈고, 그렇게 50여 개 회사에 제품을 공급하면서 신뢰를 쌓았다.

일본 100엔 숍을 유심히 관찰한 박정부는 1992년 아성산업을 세우고 한국판 100엔 숍을 준비하기 시작했다. 그리고 1997년 5월 천호동에 '아스코이븐프라자' 1호점을 내면서 본격적인 1,000원 매장 시장에 뛰어들었다. 첫 매장을 내기 위해 무려 5년을 준비한 것이다. 철저한 시장 조사를 기반으로 문을 연 아스코이븐프라자였지만, 처음에는 손님이 많지 않았다. 그러다 외환위기가 터지면서 가격이 저렴하면서도 품질이 우수한 제품을 살 수 있다는 소문이 돌기 시작했고 3년 만에 매장 수는 100개로 늘어났다.

## 다이소가 탄생하다

박정부가 납품하는 제품의 품질에 만족한 일본 다이소는 2001년 그에게 갑작스러운 제안을 한다. 일본 내 거래선을 모두 끊고 다이소에만 납품을 해달라는, 다시 말해 독점거래를 하자는 것이었다. 일본 다이소 입장에서 매년 1억 5,000만 달러(약 1,700억 원)의 물품을 공급하는 한일맨파워를 안정적인 파트너로 갖겠다는 전략이었다.

또 한 번의 도약이 필요하다고 생각한 박정부는 일본 다이소의 제안을 받아들였다. 대신 독점거래의 위험을 줄이기 위해 아성산업에 일본 다이소의 투자를 요청했다. 그 결과 일본 다이소는 아성산업에 34%의 지분을 참여하게 된다. 이때부터 회사 이름은 다이소아성산업, 브랜드명은 다이소가 됐다.

자금을 확보한 다이소의 성장 속도는 엄청났다. 2006년 매출액 1,000억 원을 넘어선 데 이어 2011년 5,000억 원, 2014년 1조 원을 돌파했다. 다이소는 2016년 기준으로 전국 1,064개 매장에 하루 방문객만 60만 명에 달하는 대한민국 대표 생활용품 잡화점으로 자리 잡았다.

## 위기가 찾아오다

다이소가 급속도로 성장하자 묘한 소문이 돌기 시작했다. 우리나라의 균일가 매장으로 잘 알려졌던 1,000냥 하우스가 일본 회사인 다이소 때문에 망했다는 것이다. 엎친 데 덮친 격으로 일본 다이소가 독도를 후원한다는 이야기가 나왔다. 그러더니 매장 앞에서 반일 시위가 벌어지기 시작했다. 박정부는 답답했다. 다이소아성산업은 일본 다이소와 단순히 브랜드명만 같이 쓸 뿐, 일체의 로열티나 인적 교류가 없다는 점을 강조했지만 소용이 없었다.

속사정을 모르는 사람들은 다이소아성산업을 일본 다이소의 한국 지사 정도로 생각했다. 고민하던 박정부는 독도사랑후원회에 가입하고 독도에서 협약식을 했다. 이번에는 일본 다이소에서 난리가 났다. 하지만 이런 과정은 다이소아성산업이 독립 기업이란 점을 서로 인정하게 된 계기가 됐다. 다이소아성산업은 15년 만에 일본 다이소에 배당을 실시했지만, 주변에서 큰 논란이 일지 않았다.

다이소아성산업은 중국에 130여 개 매장을 운영하고 있다. 매장 이름은 '하오스터'인데, 일본 다이소도 다이소란 이름으로 중국 진출을 시도하면서 치열한 경쟁을 벌이고 있다.

## 가격 대신 가치를 제공하라

다이소에서 물건을 사는 많은 사람은 어떻게 이 가격에 이런 품질을 가진 제품을 제공할 수 있을까 궁금해한다.

일반적인 기업은 원가에 마진을 붙여 소비자가를 결정하지만, 다이소의 방식은 다르다. 예를 들어 사람들이 바느질 세트의 적정한 가격을 1,000원 정도로 생각한다면, 이 금액에 맞춰서 생산 공장과 유통 방식을 맞추는 것이다.

1,000원짜리 제품이라면, 판매가맹점 수익(30%)과 물류비, 본사 수익(2~3%)을 감안해서 구매단가가 500원을 넘어서는 안 된다. 이를 위해 다이소는 35개국 3,600여 개의 회사를 통해 제품을 공급받고 있다. 또한 대량 구매와 100% 현금 결제 등의 방법으로 납품가를 낮추고 있다.

박정부는 1년의 절반 이상을 해외에서 보내며 인건비와 원자재 비용이 싼 곳을 찾아 헤맨다. 그렇다고 모두가 중국산이나 동남아산이라고 생각하면 오산이다. 국산이 50% 가까이 되고, 나머지를 중국과 동남아, 유럽, 남미 등에서 공급받고 있다.

## 수출 공로를 인정받다

박정부는 2016년 수출에 기여한 공로를 인정받아 금탑산업훈장을 받았다. 다이소의 모회사인 한일맨파워는 1988년 일본에 첫 수출을 시작해서 28년간 일본에서만 3조 원의 수출 실적을 올렸다. 현대자동차 쏘나타(약 2,500만 원)를 기준으로 보면 승용차 총 12만 대를 수출한 것이다.

박정부는 고객에게 최고의 제품을 합리적인 가격으로 계속 공급하는 것이 목표이다. 다이소에서 판매하는 주요 생활필수품 100여 개는 원자재 가격 상승과 소비자 물가 인상에도 불구하고 15년째 동일한 가격을 유지하고 있다. 이와 함께 약 3만여 종의 전체 생활용품 중 2,000원 이하의 저가 상품이 약 80%, 매출액의 70%를 차지하고 있다.

**다이소아성산업** daiso

다이소아성산업은 1988년 한일맨파워를 모태로 1992년 아성산업에서 본격적으로 시작됐다. 2001년 일본 다이소산업과 합작하며 현재의 다이소아성산업으로 명칭을 바꿨다. 대부분 1,000~2,000원 가격대 상품이 주력이다. 2016년 기준으로 매장 1,110개, 매출액 1조 3,055억 원, 당기순이익 891억 721만 원을 기록했다.

## 수백조 원 바이오 시장을 점령하다

서정진 셀트리온 회장

희귀한 병에 쓰이는 바이오 의약품은 대부분 다국적 제약사들이 특허를 가지고 있어서 어떤 약은 연간 치료비가 무려 1,000만 원이 넘는다. 그래서 정부는 일정 특허기간이 지나면 30~40% 저렴한 가격으로 환자들이 이용할 수 있는 복제약 제조를 허용한다. 이 가운데 유전자 재조합과 세포 배양 등 생명공학 기술을 활용해 만든 바이오 의약품의 복제약을 바이오시밀러라고 한다.

바이오 의약품 시장은 세계적으로 200조 원이 넘는 규모인데, 세계에서 처음으로 항체 바이오시밀러를 만든 사람이 바로 셀트리온의 서정진 회장이다. 180센티미터를 훌쩍 넘는 키에 덩치도 큰 그와 대화를 나눠보면 상당히 유쾌한 사람이란 생각을 하게 된다. 하지만 좀 더 이야기를 해보면 우리나라에서 아무도 상상하지 못한 길을 홀로 걸으며, 사람들에게 마음의 상처를 참 많이 입었구나 하는 생각이 든다.

그는 천당에 확실한 한 자리를 확보한 사람이다. 아픈데도 약이 비싸서 치료를 못 받던 환자들이 저렴한 가격으로 마음 편하게 약을 먹을 수 있게 됐기 때문이다.

실리콘밸리에 문샷싱킹이란 말이 있다. 생각의 한계를 벗어난 혁신적 사고를 단순히 생각하는 단계에 머무르지 않고 곧바로 실행하는 능력을 의미한다. 문샷싱킹의 대명사 서정진은 미지의 영역에 도전해 과감하게 자신의 인생을 걸었고, 결국 세계적인 사업가가 될 수 있었다.

## 30대 임원에서 실업자로 전락

건국대학교 산업공학과를 졸업한 서정진은 삼성전기에 입사했다가 3년 뒤 한국생산성본부로 자리를 옮겼다. 여기에서 대우자동차 경영컨설팅 업무를 맡았다가 당시 대우그룹 김우중 회장의 눈에 들게 되고, 어린 나이에 대우자동차 경영혁신부문 고문으로 발탁되었다. 1997년 말 외환위기 때 대우자동차가 파산하자, 그 과정에서 경영책임을 느낀 그는 1999년 말 스스로 자리에서 물러났다. 30대 중반 최연소 대기업 임원에서 한순간에 실업자 신세로 전락한 것이다.

백수가 된 그는 같은 처지의 직장 동료 5명과 함께 창업에 뛰어들었다. 많은 사람이 벤처에 도전하던 시절이었지만 서정진은 바이오산업에 관심을 갖게 됐다. 2000년 6월 그는 인천시 연수구청에 마련된 벤처센

미지의 영역을 개척해 성공한 서정진 회장

터에 바이오업체 넥솔을 설립했다.

그 당시 국내 바이오 시장은 불모지와 다름이 없었다. 서정진은 바이오·제약 기업 관련 보고서를 구해 샅샅이 읽으면서 바이오 시장의 무한한 잠재력을 확신하게 되었다.

## 바이오 의약품 시대를 준비하다

서정진은 바이오가 미래성장산업이 될 것이라 믿었다. 본격적인 사업 구상을 위해 미국 로스앤젤레스와 샌프란시스코로 달려가 하루 종일 사람들을 만나며 신규 사업 아이템 발굴에 골몰했다. 1명이라도 더 많은 사람을 만나기 위해 뛰어다니다 늦은 밤이 돼서야 70달러(약 8만 원)짜리 모텔 방에 100킬로그램 거구의 몸을 누이곤 했다. 침대 매트리스만 덩그러니 놓인 어둡고 쓸쓸한 방이었다.

그렇게 발품을 팔던 서정진은 우연히 앞으로 항체 바이오 의약품 시대가 올 것이며, 미국과 유럽 회사들이 생산하고 있는 바이오 의약품의 특허 대부분이 2013년부터 만료된다는 사실을 알게 되었다. 특허가 만료된다는 것은 곧 세계적으로 유명한 의약품의 복제약을 만들어 팔 수 있다는 것을 의미했다.

큰 가능성을 확인하고 돌아온 그는 생명공학 사업을 전개한다. 2002년 제넨텍 자회사 백스젠VaxGen의 기술과 KT&G 등으로부터 투자를 받아 간척 사업이 진행되던 인천 송도에 공장 부지를 매입하고 셀트리온의 청사진을 펼쳤다.

## 세간의 끊임없는 의심과 불신

일반적으로 제약 회사들은 연구개발을 먼저 시작한 후, 개발한 의약품의 판매 허가를 받고 판매에 돌입해 판매량을 늘려가면서 생산 능력을 확대하는 과정으로 성장한다. 하지만 셀트리온은 생산 설비를 먼저 갖춘 후, 계약 생산CMO 사업을 통해 선진 기술을 익히고 노하우를 축적해 의약품 개발에 나서는 방식을 택했다.

기반을 충분히 다지고 다음 단계로 진입할 무렵, 서정진은 새로운 고민에 빠졌다. "남의 것만 계속 만들 것인가? 아니면 내 것을 만들 것인가?" 창업할 때부터 자체 바이오 의약품 개발을 목표로 세웠던 그는 고민 끝에 성공적이었던 CMO 사업을 중단하고 축적된 바이오 의약품 생산 기술과 노하우를 바탕으로 2007년부터 바이오시밀러 개발에 본격적으로 돌입했다.

전인미답의 길을 걷다 보니 연구개발 비용은 끊임없이 들어갔고, 서정진은 투자금은 물론 사채까지 끌어다 쓸 정도로 어려운 나날들을 보내야 했다. 그나마 외국인 투자자들이 그의 노력에 관심을 가졌다. 하지만 자동차 회사를 다니던 샐러리맨이 아무런 경험이 없는 바이오산업에 뛰어들었다는 시장의 의구심은 날로 심해졌다. 생명공학산업의 특성을 이해하지 못하는 현실 앞에서 대안을 찾을 수밖에 없었다.

서정진은 여러 검토를 거쳐 코스닥 상장사를 인수해 우회상장을 진행했다. 이렇게 국내외 자금을 모아 바이오시밀러 첫 제품 개발에만 무려 3,000억 원을 투자한 그의 마음고생은 이루 말할 수 없었다. 판매 허가를 받은 뒤에도 조금만 심사 일정이 미뤄져도 사기꾼 취급을 받았다. 셀트리온 주식은 끊임없는 루머와 주식 공매도에 시달렸다. 오죽했으면 서정진은 2013년 기자회견까지 열며 작전 세력과 전쟁을 선포하기도 했다. 극심한 공매도 세력의 악성 루머는 2013년 8월 램시마의 유럽 판매 허가 승인과 함께 수면 아래로 가라앉았다.

## 램시마, 성공 신화가 시작되다

서정진의 첫 작품 램시마는 강직성 척추염과 류마티스 관절염 등에 효과가 있는데, 다국적 제약사 얀센의 레미케이드 복제품이었다. 얀센은 레미케이드 한 제품으로 전 세계에서 12조 원의 매출액을 올리고 있었다.

램시마는 2012년 7월 한국 식품의약품안전처에서 판매 허가를 받았고, 2013년 유럽에서 레미케이드의 특허가 끝나자마자 유럽 의약품청EMA의 허가를 받으면서 세계 최초의 바이오시밀러 제품이라는 타이틀을 얻게 됐다. 2015년 서정진의 램시마는 유럽에서 판매를 시작한 지 9개월 만에 처방 환자가 6만 명을 넘어섰고 시장 점유율 30%를 돌파하는 기록을 세웠다.

가장 큰 시장인 미국을 뚫기 위해 절치부심하던 서정진은 2016년 4월 FDA로부터 램시마의 미국 판매 허가를 받는 데 성공했고, 세계적인 제약사 화이자Pfizer와 협력해 본격 판매에 들어갔다.

서정진의 2호 작품인 트룩시마도 2017년 2월에는 유럽 의약품청으로부터 허가 승인을 받았다.

2008년부터 개발한 혈액암 항암제인 트룩시마의 오리지널 약인 리툭산은 세계에서 연간 7조 원 이상의 매출액을 올리는 유명 의약품이다.

트룩시마는 한국, 영국에 이어 독일 판매에 들어가는데, 독일은 미국과 더불어 트룩시마의 오리지널 약이 가장 많이 팔린 국가 중 하나여서 기대가 크다. 유방암 치료용 항체 바이오시밀러 허쥬마 역시 글로벌 임상 실험을 끝내고 유럽 판매를 앞두고 있다.

서정진은 바이오시밀러를 넘어 항체 신약에도 도전하고 있다. 종합독감치료제 CT-P27이 임상 실험에 돌입한 것을 비롯해, 유방암 치료제와 독감백신, B형 간염 치료제 등의 개발에 박차를 가하고 있다.

2016년 공장 건설을 위해 3,250억 원 규모의 투자 계획을 밝힌 서정진은 현재 개발 중인 바이오시밀러까지 완성되면 10년 내에 매출액 10조 원을 달성할 것으로 기대하고 있다.

## 미래로 시선을 돌리다

서정진이 요즘 관심을 갖는 것은 미래에 대한 투자다. 그는 박현주 미래에셋 회장과 함께 1대 1 매칭펀드로 각각 750억 원씩 총 1,500억 원 규모의 펀드를 만들어 유망한 바이오 벤처에 투자하기로 했다. 자체 개발에 집중했던 그가 바이오 벤처 투자를 결정한 것은 다양한 성공 파이프라인을 확보하기 위한 행보다.

과연 서정진이 생각하는 미래 인재상은 무엇일까.

그는 모교인 건국대학교 강연을 통해 “4차 산업혁명 시대에는 학점이나 스펙이 좋은 사람보다 대학에서 배운 학문을 바탕으로 논리성과 융합성을 골고루 갖춘 인재가 사회와 기업에서 환영받는다. 또한 리더는 자신의 성공을 겉으로 드러내지 않고 남의 허물을 감싸줄 수 있는 포용력이 있어야 한다”고 강조했다.

## 셀트리온 CELLTRION

셀트리온은 2002년에 설립되었다. 현재 지주 회사 셀트리온홀딩스를 중심으로 총 7개의 국내 계열사가 있다. 2008년 코스닥에 상장했으며, 2016년 기준 시가총액은 12조 7,000억 원에 달한다.

2017년 1분기 매출액은 1,758억 3,300만 원으로 전년 1분기보다 93.4% 증가했으며 순이익은 768.6% 급증한 682억 4,900만 원으로 잠정 집계됐다.

## 생닭 먹는 치킨의 제왕

**윤홍근 제너시스 BBQ 회장**

1990년대 초반만 해도, 치킨은 매캐한 담배연기 가득한 호프집에서 먹는 술 안주였다. 아빠가 술에 취해 치킨 한 마리를 사들고 집에 오면 그 날은 잔칫날이었다. 이런 치킨을 온 가족이 둘러앉아 값싸게 먹을 방법이 없을까 고민한 사람이 바로 윤홍근 회장이다.

회사 사장님이 되고 싶었던 그는 회사에 입사해서도 "내가 사장이라면 이렇게 했을 거야"라며 적극적인 자세로 임했고, 주위의 사물 하나하나를 보면서 "이것으로 회사를 차릴 수 없을까?" 하고 고민했는데, 그 결과물이 바로 오늘날의 BBQ다.

그는 키가 크지는 않지만 가슴이 넓고 아주 두툼하다. 악수를 두툼한 손으로 확 끌어안듯이 하는 바람에 적잖이 당황도 되고, 자신감 찬 기운에 압도당하기도 한다. 또한 그는 매사에 적극적이다. 사람을 만나는 것도 적극적일 뿐 아니라, 한 번 만난 사람은 꼭 기억해서 상대방에게 감동을 주곤 한다.

윤홍근은 치킨의 제왕답게 치킨과 관련된 일이라면 언제나 앞장선다. AI가 처음 발생했을 때 사람들은 조류독감이라 부르면서 닭고기를 먹지 않았다. 이때 직접 언론사와 정부 부처를 돌아다니며 AI를 공식 명칭인 고병원성 조류인플루엔자라고 정정해 국민의 오해를 풀었던 사람이 바로 윤홍근이다. 대한민국을 넘어 전 세계를 무대로 맥도날드를 뛰어넘는 제국을 건설하겠다는 그의 목표에 왠지 믿음이 가는 이유다.

## 사장이 될 거야

윤홍근은 초등학교 시절 아버지에게 책가방과 운동화를 선물로 받았다. 당시만 하더라도 책과 공책, 연필을 보자기로 싸 허리에 동여매고 고무신을 신고 뛰어다니던 시절이었으니 아버지의 선물에 어린 그의 눈은 휘둥그레졌다. 세상에서 제일가는 부자가 된 만족감에 윤홍근은 갑자기 이런 가방과 운동화는 도대체 누가 만드는지 궁금해졌다. 경찰공무원이었던 아버지는 회사 사장님이 만드는 것이라고 대답했다. 그 순간 윤홍근은 어른이 되면 회사를 차려 사장이 되어야겠다고 결심했다.

그 당시 학교에서 장래 희망을 물으면 학생 대부분은 판·검사나 의사 혹은 대통령을 이야기하던 시절이었다. 하지만 윤홍근의 어린 시절 꿈은 언제나 사장이었다.

강력한 믿음만 있다면 뭐든 이룰 수 있다는 윤홍근 회장

시간이 흘러 학교를 졸업한 윤홍근은 미원그룹에 입사해 평범한 샐러리맨으로 사회생활을 시작했다. 하지만 언젠가는 내 사업을 해야겠다는 생각을 늘 가지고 있었다. 회사에서 봉급을 받는 월급쟁이였지만, 늘 과연 사장이라면 이 일을 어떻게 처리했을까 하는 생각을 가지고 열심히 일했다. 그 덕분에 '일벌레'라는 별명까지 얻었다.

이렇게 직장생활을 시작한 이후 밤 12시 이전에 귀가한 적이 없을 정도로 맡은 일에 최선을 다한 윤홍근은 지금도 신입사원을 채용할 때면 항상 "CEO처럼 일할 준비가 되어 있는가?"라고 묻는다.

## 가족을 위한 치킨집에 도전하다

새롭게 도전할 사업이 없을까 항상 고민하던 윤홍근은 어느 날 담배 연기가 자욱한 허름한 통닭집에서 엄마와 아이가 통닭을 먹는 모습을 보게 되었다. 당시에는 대부분 시장 어귀에서 닭을 튀겨 팔았고, 인기가 높던 전기구이 통닭은 호프집에서 어른들이 먹던 비싼 음식이었다.

윤홍근은 불현듯 어린이와 여성을 타깃으로 한 깨끗하고 건강한 치킨집을 창업하자는 생각을 하게 되었다. 지금은 누구나 당연하게 생각하지만, 그때는 쉽지 않은 일이었다.

집을 전세에서 월세로 옮기고 통장을 탈탈 털어 1억 원을, 주변의 지인과 선후배에게 2,000만~5,000만 원씩 투자를 받아 4억 원을 마련했다. 그렇게 그는 41살이 되던 1995년, 잘 다니던 회사에 사표를 제출하고 자본금 5억 원으로 BBQ를 차렸다.

윤홍근은 자본금으로 마련한 사무실에 야전침대를 갖다 놓고 밤낮으로 일했다. 시간과 비용을 절약하기 위해 끼니를 라면으로 때우기 일쑤였다. 그는 "BBQ는 어린이와 여성이 좋아하는 깨끗하고 건강한 치킨이 되겠다"는 다짐으로 치킨의 품질과 가게 인테리어에 초점을 맞췄다. 비위가 약해 생선회도 잘 먹지 못하는 윤홍근이지만, 닭고기의 식감을 알기 위해 생닭을 직접 먹어보기까지 했다. 그 덕분에 BBQ는 창업 6개월 만에 가맹점 100개를 돌파하고, 4년 후에는 1,000개를 돌파하며 급속도로 성장했다.

## 올리브유로 튀긴다고?

많은 사람이 튀김 요리를 먹을 때 항상 신경을 쓰는 것이 바로 기름이다. 윤홍근은 어떻게 좋은 기름을 확보할 수 있을까 고민했다. 그러던 중 그는 우연찮게 유럽으로 여행을 갔다가 '신이 내린 선물'로 불리는 올리브유가 몸에 좋다는 사실을 알게 되었다.

하지만 쉽지 않았다. 올리브유는 끓는점이 낮아서 튀김유로는 적합하지 않았기 때문이다. 포기하지 않고 끊임없이 연구한 끝에 윤홍근은 올리브에 함유된 과육 찌꺼기를 걸러내 튀김유로 적합한 올리브유를 만들어내는 데 성공했다. 하지만 곧바로 임직원들의 반대에 부딪혔다. 올리브유의 단가는 치킨업계에서 흔히 사용하는 콩기름보다 무려 7배나 비쌌기 때문이다. 만약 올리브유를 사용하게 되면 연간 600억 원을 추가로 부담해야 하는 실정이었다.

사업 구상 단계에서부터 가족과 함께 먹는 치킨에 초점을 맞췄던 윤홍근은 채산성 악화를 우려하는 직원들을 설득하였다. 그리고 2005년부터 올리브유로 튀긴 치킨을 선보였다.

그런데 때마침 미국에서 트랜스 지방의 인체 유해성을 지적하는 보도가 잇달아 나오면서, 2006년 뉴욕에서 트랜스 지방을 금지하는 법안이 통과됐다. 우리나라 언론에서도 대서특필했고, 다른 치킨과 달리 올리브유로 튀긴 치킨은 '무無 트랜스 지방'이란 점이 부각되면서 BBQ의 판매량이 크게 늘었다. "하늘은 스스로 돕는 자를 돕는다"라는 말처럼 고객 건강을 생각한 윤홍근의 선견지명이 빛을 발휘한 것이다.

## AI로 찾아온 위기

2005년 치킨업계에 심각한 위기가 발생하였다. 2003년부터 간헐적으로 발생하던 AI가 우리나라를 강타하며 대유행을 한 것이다. AI는 당시 조류독감이라 불렸는데, 닭이나 오리의 독감이 사람에게도 옮겨져 사망할 수 있다는 우려 때문에 닭고기와 오리고기 소비가 급속도로 위축되었다.

BBQ를 비롯해 치킨업계 매출액이 급감하면서 당시 외식사업협회장을 맡았던 윤홍근의 고민은 커졌다. "이러다 사업이 망하면, 우리 2,500

개 가맹점에 매달린 식구 4만 명은 길거리에 나앉는다"라는 위기감이 엄습했다.

윤홍근은 먼저 AI에 대하여 조사했다. 그는 AI는 고병원성 조류 인플루엔자가 정식 명칭인데, 마치 사람이 걸리는 독감으로 표현돼서 괜한 공포심을 부르고 있다고 판단했다. 누가 시킨 것도 아니지만 윤홍근은 앞장서서 언론사들을 찾아다니며 조류독감을 AI로 바꿔서 보도해달라고 요청했다. 언론사에서는 국민이 알아듣기 어렵다며 시큰둥한 반응이었지만, 계속된 설득에 결국 윤홍근의 주장을 받아들였고 정부도 AI의 공식 명칭을 고병원성 조류 인플루엔자로 바꾸면서 닭고기에 대한 오해는 점차 줄어들었다.

## 세계 최대 프랜차이즈 기업에 도전하다

윤홍근은 창립 5주년이 되던 2000년에 맥도날드의 햄버거대학을 벤치마킹해 치킨대학과 중앙연구원을 만들었다. 그는 이곳에서 연구원들과 정기적으로 생닭을 시식하며 최고의 치킨 맛을 고민하고 있다.

치킨업계 1위를 굳힌 윤홍근은 2003년부터 해외 진출을 시도하였다. 2003년 중국을 시작으로 2004년 스페인, 2006년 일본과 미국, 2007년 오세아니아를 비롯하여 중남미 국가들과 마스터 프랜차이즈 계약을 체결했다. 현재는 57개국에 진출해 현지 기업과 마스터 프랜차이즈 계약을 체결하였고, 30여 개국에서 350여 개의 점포를 운영하고 있다.

그는 전 세계 5만 개 매장을 열고, 맥도날드와 KFC를 뛰어넘는 세계 최대 프랜차이즈 기업으로 성장하는 데 목표를 두고 오늘도 뛰고 있다.

윤홍근은 생각한 대로 이루어진다는 '시크릿 법칙'과 어떤 기대나 강력한 믿음을 가지면 실제로 이루어진다는 '피그말리온 효과'를 믿는다. 그는 "지난 20년간 위기도 많았지만, 최선을 다하면 그 위기는 기회가 되고, 실패는 다시 일어서는 밑바탕이 된다"고 강조한다.

### 제너시스 BBQ

제너시스 BBQ는 1995년 1호점 탄생을 시작으로 창업 반년 만에 100호점, 2년 만에 500호점, 4년 만에 1,000호점을 돌파했다. 현재 BBQ는 국내 14개 브랜드, 3,000개 점포를 운영하고 있으며 해외에서는 57개국에 500여 가맹점을 두고 있다.

2015년 기준 9,970억 원의 매출액, 270억 원의 영업이익을 기록하며 매출액 1조 원 진입을 앞두고 있다.

## 세계 화장품 시장의 숨은 실세

이경수 코스맥스 회장

'설화수', '후' 등 한국 화장품이 전 세계를 휩쓸고 있다. 중국에서는 한국 화장품이 프랑스 화장품보다 인기가 높아 연일 화제가 되고, 동남아에서 한국 화장품은 비싼 가격에도 불구하고 불티나게 팔리고 있다. 그뿐만이 아니다. 세계적 화장품 회사인 로레알, 에스티로더가 한국 화장품을 강력한 경쟁자로 여기고 견제에 들어갔다는 이야기도 들린다.

우리는 흔히 화장품 회사라고 하면 아모레퍼시픽이나 LG생활건강, 미샤, 더페이스샵, 잇츠스킨 등을 생각한다. 하지만 정작 세계 화장품업계가 우리나라에서 가장 눈여겨보는 회사는 바로 코스맥스다.

코스맥스는 화장품을 대신 만들어주는 곳이다. 화장품 회사가 원하는 스타일로 화장품 용기는 물론 브랜드까지 원 스톱으로 만들어 안겨주는 곳이다.

코스맥스를 만든 이경수 회장은 원래 제약 회사 출신이다. 그는 40대 중반의 나이에 회사를 세웠는데, 일찌감치 해외 시장에 눈을 돌려 지금은 로레알, 에스티로더 등 세계 굴지의 화장품 회사가 서로 납품해달라고 요구할 정도의 위치가 되었다.

이경수는 조금 큰 키에 얼굴은 늘 포근하고 너그러운 인상이 가득하다. 아름다움을 추구해서 그런지, 식사 자리에서 만나면 맛과 멋에 조예가 깊고 상대방을 배려하는 모습 하나하나가 감동스럽다.

이경수는 요즘 '뷰티'를 대한민국의 새로운 상징으로 내세우는 꿈을 꾸고 있다. K-뷰티를 통해 대한민국을 외적인 아름다움뿐만 아니라 인성이 아름다운 사람들이 사는 곳으로 자리매김하겠다는 구상이다.

## 밥벌이를 위해 약대를 가다

이경수는 포항고등학교를 졸업하고 서울대학교 약대에 진학했다. 가정 형편상 국립대학이 아니면 진학하기 어려워 독하게 공부했고, 밥벌이가 잘된다는 이유로 약대에 갔다. 그런데 직업만 생각하고 고른 전공은 적성에 영 안 맞았다.

이경수는 원래 글을 쓰고 그림 그리는 걸 좋아했다. 어릴 땐 사생대회에서 상도 곧잘 탔다. 그는 집이 조금만 넉넉했다면 미술이나 문학을 전공했을 것이라고 말한다. 약대를 다닐 때도 그림 그리는 일을 좇아다니는가 하면, 신문사 신춘문예에도 서너 번 응모하기도 했다.

K-뷰티 붐을 이끌고 있는 이경수 회장

대학 졸업과 함께 군에 입대한 이경수는 상병 때 종전으로 치닫던 베트남으로 떠나 10개월간 복무했다. 군에서의 생활도 무료했고 월급도 많이 준다는 말에 지원한 것이다. 그는 베트남 후방에서 의약품 보급을 맡았는데, 사회생활을 하면서 어려움이 닥칠 때마다 "내가 목숨 걸고 베트남에도 갔었는데"라며 버티었다고 말한다.

## 화장품에 도전하다

1992년 말 대웅제약을 이끌던 이경수는 돌연 사표를 던졌다. 황해도 출신으로 아무런 배경도 없이 40대 초반에 전무로 발탁되어 단숨에 최고 자리까지 오른 그였다. 그대로 편안하게 인생을 즐길 수도 있었지만 직접 사업을 해보고 싶다는 욕구가 강했다.

46세 늦깎이로 창업 전선에 뛰어든 이경수는 자신의 전공인 제약 회사를 창업하고 싶었지만, 그러기에는 너무 많은 시간과 돈이 필요했다. 대안으로 할 만한 것이 없는지 고민하던 그가 찾아낸 것은 화장품이었다. 몇 번의 시장 조사를 통해 유럽은 생산과 판매가 80년 전, 일본은 50년 전에 분리되었다는 것을 알게 되었다. 우리나라도 머지않아 뷰티산업이 그렇게 되겠다는 생각에 확고하게 신념을 굳혔다.

기술을 배우기 위해 찾아간 일본에서 한국 진출을 추진 중이던 ODM 전문 기업 미로토를 만나 기술제휴를 맺었다. 고객사도 구해지면서 첫 계약을 앞두고 경기도 화성 향남산업단지의 공장을 임대하기로 했다. 모든 게 순조로웠다.

## 위기를 딛고 일어서다

하지만 상황은 곧 돌변했다. 사업 허가를 받기 위해 도청을 찾아갔는데 담당 직원이 난색을 표했다. 당시 경기도는 향남산업단지를 제약특화단지로 키우려고 제약 회사들의 사업계획서를 받고 있는 상황이었다. 코스맥스도 물류와 생산 면에서 향남 지역이 최적의 입지 조건이라 생각하고 입주를 계획했다. 하지만 이곳은 제약특화단지라서 다른 업종이

들어가기에는 많은 어려움이 있었다.

수개월을 보건사회부(현 보건복지부)와 경기도청, 향남면사무소를 쫓아다녔고 겨우 모든 입주 기업의 동의를 100% 받아오면 허가를 해주겠다는 답을 받아냈다. 이경수는 묵묵히 입주 제약 회사들을 찾아다녔지만 쉽지 않았다. 하지만 공단에 화장품 기업 같은 게 있으면 서로 자극도 되고 좋지 않겠냐며 설득한 끝에 마침내 입주 기업 이사회의 허락을 받아냈다.

이경수는 한국 미로토란 명칭으로 화장품 회사를 준비하면서 화장품 ODM 기업이 연구개발 역량을 쌓지 않는다면 장기적으로 성장할 수 없다는 판단을 내리고 국내 화장품 기업의 연구소장을 스카우트했다. 이 사실을 알게 된 일본의 미로토는 자체적인 연구개발을 할 경우 기술 계약을 해지하겠다고 압박했다. 종속 관계를 유지하려는 의도였다.

이경수는 일본 미로토가 기술 계약을 해지할 경우 회사 이름을 바꿔야 하고 기술력 확보도 어렵다는 점에서 고민했지만, 자체 실력이 있어야 한다는 생각에 미로토의 요구를 거부했고 계약은 무산됐다.

갖은 어려움을 딛고 이경수는 코스맥스로 회사 명칭을 바꾸고 1994년 1월 드디어 첫 제품을 생산했다. 나드리화장품에 납품하는 '이노센스 트윈케이크'라는 색조 화장품이었다. 이경수는 자랑스러운 마음에 한동안 이것을 품에 넣고 다니면서 만나는 사람마다 자신의 제품이라고 자랑했다.

제약 회사에서의 오랜 경험을 바탕으로 회사를 차린 이경수는 '원 레시피, 원 컴퍼니One recipe, One company' 정책을 구사하며 각 브랜드나 회사가 원하는 제품을 생산해줬다. 한 회사에서 경쟁사 제품도 동시에 만들었지만 철저히 보안을 유지하고 타사 제품과 확실히 차별시키면서 시장의 신뢰를 얻었다. 여성들 사이에서 인기가 많은 '쿠션 파운데이션'부터 '젤 타입 아이라이너'까지 상당수 제품이 코스맥스의 손을 거치게 되면서 '히트상품 제조기'로 떠올랐다.

## 로레알과 인연으로 세계 진출을 이루다

이경수는 창업 초기부터 해외 화장품 박람회에 열심히 참여하며 코스맥스의 기술력을 홍보했다. 하지만 쉽지 않았다. 1998년 유럽 출장길에 올랐던 이경수는 회사 소개 자료와 그동안 개발한 화장품 샘플을 잔뜩 챙겨서 로레알 등 화장품 회사를 직접 찾아갔지만 당시에는 제대로 한 번 꺼내보지도 못했다.

해외 시장 진출을 끊임없이 추진한 덕분에 코스맥스는 2004년부터 세계 1위 화장품 기업인 로레알에 납품을 시작했고, 불과 6년 만에 최고의 전략적 파트너로 특별 관리를 받게 되었다. 로레알의 주문이 늘어나면서 국내 생산만으로는 주문 물량을 감당하지 못하자 코스맥스는 자연스럽게 해외 생산기지를 물색하게 되었다. 이경수는 로레알의 권유로 로레알이 운영하던 인도네시아 자카르타 공장, 미국 오하이오주 솔론 공장을 인수하며 아시아, 중동, 북중미, 유럽을 커버할 수 있는 생산 네트워크를 갖추게 되었다.

로레알의 까다로운 기준을 맞추다 보니 코스맥스가 만드는 화장품의 품질은 더욱 좋아졌고 그 덕분에 해외 고객사는 점점 늘어갔다.

## 이제는 세계적인 기업으로

이경수는 2000년대 초반 중국 출장길에 앞으로 중국이 세계에서 가장 큰 화장품 시장이 될 것이라 확신하고 업계에서 가장 먼저 중국 진출을 감행했다. 그 당시 코스맥스의 매출액은 300억 원에 불과했기 때문에 주변의 만류가 있었다. 하지만 2004년 상하이 임대 공장으로 시작해 현재는 자체 공장을 짓고 2공장까지 확보, 매년 증설을 거듭하고 있다.

이 같은 성공에 대해 이경수는 "중국에 진출한 경쟁사들은 중국을 생산기지로만 봤지만 코스맥스는 잠재적 시장으로 보고 현지 화장품 기업을 대상으로 영업했다"고 설명했다. 중국 기업과 함께 중국 내수 시장을 잡겠다는 전략이 통한 것이다.

2013년에는 광저우에도 공장을 세웠다. 중국 동부 지역에 이어 남부 지역으로 영역을 확장한 것이다. 현재 코스맥스는 중국 현지 기업뿐 아니라 중국에 진출한 해외 화장품 기업과 한국 기업까지 총 200여 군데에 제품을 공급한다.

코스맥스의 판교 본사에는 로레알, 에스티로더, 존슨앤드존슨 등 글로벌 화장품 기업 고위 임원들이 수시로 찾아온다. 시판 중인 제품 생산

주문을 비롯해 화장품 기획 단계부터 코스맥스와 상의를 하기 위해서다. 코스맥스가 이탈리아 기업 인터코스를 제치고 이 부문 세계 1위로 올라선 뒤 해외 화장품 회사들의 제품 의뢰가 부쩍 늘었다.

K-뷰티 붐을 이끌고 있는 화장품업계의 대표 주자 코스맥스는 불과 25년 만에 세계적인 기업으로 성장했다. 2016년 코스맥스가 국내외 공장에서 생산한 화장품 수량은 6억 개를 웃돈다. 전 세계 인구 11명 중 1명은 코스맥스가 만든 화장품을 사용한 셈이다. 코스맥스가 제품을 공급하는 고객사 역시 국내외 통틀어 약 600여 개 브랜드에 이른다. 100여 개국에 수출 중인 코스맥스의 연간 생산 가능 수량은 약 10억 개를 넘어섰다. 이는 세계 화장품 ODM 시장에서 가장 큰 규모의 생산 수량이다.

## 품질 우선주의는 신의를 바탕으로

미로토와의 갈등에서 보듯이 이경수는 자신만의 기술에 대한 고집이 강하다. 전 세계 코스맥스 R&I센터에 근무하는 직원만 약 350여 명에 달할 정도다. 화장품업계에서는 "코스맥스와 계약을 맺으면 명품 화장품 브랜드가 된다"라는 이야기가 돌 정도다.

이경수는 품질 우선주의는 고객과의 신의에 대한 문제라고 생각한다. 2008년 금융위기 당시 고객사가 살아남지 못하면 무슨 소용이 있겠느냐며 고객사가 어려워도 직원들에게 휴일 수당을 주며 공장을 돌려 제품을 적기에 공급했다는 사례는 업계에서 유명하다.

결국 고객사 중 부도가 난 기업은 없었고 이 때문에 화장품업계가 회복세로 돌아선 이후에 코스맥스의 시장 점유율은 무섭게 높아지기 시작했다. 이경수는 "계약서는 문제 상황에 직면하면 휴지조각이 돼버리고 말지만, 사람 간의 신의는 사라지지 않는다. 비즈니스 파트너를 넘어 친구가 되어야 한다"라고 말한다.

**코스맥스** COSMAX THE SCIENCE OF KOREAN BEAUTY

코스맥스는 화장품 및 건강기능식품, 의약품 연구·개발·생산 기업이다. 1992년 '한국 미로토'라는 이름으로 설립했으며, 1994년 코스맥스로 상호를 변경했다. 2006년 주식 시장에 상장되었다.

코스맥스그룹은 2016년 코스맥스가 매출액 7,570억 원을, 코스맥스 BTI는 2,669억 원을 기록하며, 1조 원 시대를 열었다.

# 대한민국 부동산 시장, 내 손안에 있다

문주현 엠디엠·한국자산신탁 회장

어떤 땅에 아파트나 쇼핑몰, 빌딩 등이 건설돼 사람들이 입주할 때까지 크게 디벨로퍼와 금융, 건설사의 세 가지 영역 전문가들이 참여한다. 건설사는 직접 짓고 금융은 여기에 돈을 공급하는데, 이 모든 것을 디자인하고 책임지는 지휘자가 디벨로퍼다. 따라서 디벨로퍼는 땅에 대해서는 물론, 이 땅에 무엇을 지어야 소비자의 마음을 잡을 수 있을지 잘 알고 금융사와 건설사를 참여시켜야 한다. 그런데 디벨로퍼와 금융사의 역할을 동시에 수행하는 사람이 문주현 회장이다.

지금 그는 세련되고 멋진 모습이지만, 20년 전만 하더라도 깡마른 얼굴에 눈빛만 강한 조금은 독특한 모습이었다. 당시에는 분양 사업을 주로 했는데 목소리는 살짝 들떠서 열기가 느껴졌고, 눈은 현재가 아닌 미래를 향해 있었다. 그때 그는 투자자들에게 앞으로 이 지역이 어떻게 변하고 어떤 모습으로 탈바꿈할지 확신에 가득 찬 모습으로 명쾌하게 설명하곤 했다. 희한하게 그가 손대면 성공했고 그의 말은 사실이 됐다.

문주현이 걸어온 길은 언제나 평범한 사람들에게 희망을 준다. 중학교만 겨우 나와 검정고시를 통해 대학에 들어갔을 때 그의 나이는 27살이었다. "인생에선 속도가 아니라 방향이 가장 중요하다. 늦게 가더라도 제대로 된 방향으로 간다면 결국 성공할 수 있다"는 그의 말은 지금도 늦지 않았으니 다시 한 번 멋지게 뛰어보라는 격려의 박수로 들린다.

## 시작이 늦은 사람

문주현은 전라남도 장흥의 가난한 시골에서 9남매 중 다섯째로 태어났다. 공부하러 도시로 떠난 두 형을 대신해 매일 농사와 김·미역 양식을 하며 어려운 집안을 도왔다. 중학교만 겨우 졸업한 어린 문주현은 열심히 농사를 지어도 태풍과 같은 자연재해로 1년 동안 고생한 것이 몽땅 사라지는 것을 보면서 자연과 싸울 게 아니라 차라리 사람하고 싸우는 것이 낫겠다고 생각했다.

중학교 졸업 후 3년이 지나서야 광주 직업훈련소(현 한국폴리텍대학 광주캠퍼스) 기계과에 입학했다. 약 1년 6개월의 훈련원 시절에는 하루 12시간씩 일하다 쇳물이 튀어 온몸에 쇳독이 오르기도 했다. 이렇게 해서는 30년 뒤에도 공장을 벗어나기 힘들다고 생각한 문주현은 대학을 가기로 마음먹었다.

그는 하루 15시간씩 공부에 매진하며 6개월 만에 검정고시에 합격했고, 27살의 늦깎이로 경희대학교 회계학과에 입학했다. 하지만 꿈에 그렸던 대학생활은 그리 순탄하지 않았다.

등록금을 벌려고 일을 하다가 폐결핵에 걸려 사경을 헤매기도 했다. 하지만 우연히 그의 사연을 들은 한 독지가가 도와줘 겨우 졸업할 수 있었다.

## 7년 만에 임원이 되다

문주현은 1987년 당시 매출액이 200억 원 정도던 중소기업 나산실업에 입사한 뒤, 발로 뛰며 부동산을 배웠다. 당시에 화제가 되었던 서울 선릉역의 샹제리제센터를 기획·분양했고, 지금은 일반화된 주상복합, 주거용 오피스텔 개념을 처음으로 개발한 것도 그였다.

열심히 일만 하다 보니 입사 5년 만에 과로로 폐가 나빠져 1년 쉬기까지 했지만, 매년 특진을 거듭하면서 입사한 지 7년 만에 임원이 되었다. 덕분에 회사는 30대 그룹으로 성장했지만, 행복은 오래가지 못했다. 외환위기로 회사가 부도난 것이다.

샐러리맨 신화로 불리던 그에게 대기업의 스카우트 제의가 이어졌다. 그러나 그는 뜻이 맞는 3명의 직원과 함께 서초동에 있는 33제곱미터(10평)짜리 원룸에 분양대행사를 차렸다. 수중에 있는 돈은 5,000만 원에 불과했지만, 자본이 아닌 무한한 아이디어로 승부할 수 있다고 생각했다.

인생은 방향이 중요하다고 강조하는 문주현 회장

회사 이름도 본인의 이름을 내걸고 책임감 있게 하자는 의미에서 엠디엠Moon Developement & Marketing으로 지었다.

## 부동산 개발의 미다스 손으로

문주현의 첫 사업은 분당 미금역 주변 주거용 오피스텔인 '코오롱 트리폴리스'였다. 그는 코오롱건설에 수영장 등 피트니스센터를 갖춘 호텔식 오피스텔을 짓자고 제안하였다. 주변에서는 말도 안 되는 황당한 아이디어라고 했지만, 당초 2,000여 실로 구성된 소형 오피스텔을 최고 386제곱미터 크기의 고급 주거용 오피스텔로 바꿔 단숨에 판매를 끝냈다.

이때부터 현대건설, 두산건설, 현대산업개발 등 대형 건설사들이 잇달아 분양을 의뢰하면서 탄탄대로를 달렸다. 문주현이 사업을 시작한 지 첫 3년 동안 기획·마케팅을 맡아 판 물량은 13조 원이나 되었다. 이에 따른 대행수수료도 1,000억 원이 넘었다. 하지만 실제 정산에 들어가 이것저것 빼고 나니 별로 남는 것은 없었다. 결국 그는 직접 개발 사업에 나서겠다고 결심했다.

문주현은 10년 가까이 분양대행 사업으로 모은 종잣돈으로 2007년 부산 센텀시티에 '해운대 대우 월드마크센텀' 개발에 나섰다. 전용면적 115제곱미터 이상 대형 평형으로 구성된 496가구 규모의 이 아파트는 당시 부산 아파트 시세의 2배인 3.3제곱미터당 1,600만 원이라는 높은 분양가를 책정했다. 하지만 양면 개방형 설계와 조망권을 강조한 건물 배치, 특화된 커뮤니티 시설로 주목받으며 6개월 만에 100% 계약을 마쳤다. 이 사업은 업계 최초로 건설사의 지급보증 없이 시중 은행으로부터 자금을 지원받는 프로젝트 파이낸싱PF을 성사시킨 것으로도 유명하다.

그 후 '판교 푸르지오 월드마크', '송파 푸르지오시티', '광교 푸르지오 월드마크', '광교 더샵 레이크파크', '마곡나루역 보타닉 푸르지오시티', '위례 중앙 푸르지오', '부천 중동 센트럴 푸르지오파크', '이편한세상 시티삼송', '동탄 더샵 레이크파크 에듀타운' 등 손대는 사업마다 성공하면서 문주현은 부동산 개발업계의 미다스 손으로 불리게 되었다.

## 국내 최초 종합부동산금융그룹 완성

문주현은 2010년 금융 공기업 민영화 1호 매물로 나온 한국자산신탁을 인수했다. 인수전에는 하나은행이 참여했는데, 부동산업계에서는 당연히 은행이 인수할 것이라고 생각해서 아예 덤빌 생각도 하지 못했다. 하지만 문주현은 앞으로 부동산 개발 시장은 부동산과 금융이 융합하는 커다란 패러다임의 전환을 맞게 될 것으로 예측하고 과감히 도전해 인수에 성공했다.

문주현은 한국자산신탁에 이어 강남 테헤란로의 카이트타워 인수에 나서 국내 부동산 금융계의 큰손 삼성생명과 경쟁해 성공했다. 디벨로퍼가 거대한 국내 금융기관과의 인수전에서 연거푸 승리하자 당시 금융가에서 큰 화제가 되었다. 특히 디벨로퍼가 신탁 회사를 인수한 사건은 오래도록 회자되었는데, 사람들 대부분이 디벨로퍼가 금융업에 진출한다는 것은 거의 불가능하다고 보았기 때문이다.

문주현은 한국자산신탁을 인수하자마자 리츠 AMC 겸업 인가를 받았고, 2012년에는 자회사로 여신 전문 금융 회사인 한국자산캐피탈을 설립했다. 2015년 말에는 자산운용사인 한국자산에셋운용을 출범시키면서 부동산 개발·신탁·리츠·캐피탈·자산운용을 수직계열화한 국내 최초의 종합부동산금융그룹을 완성했다. 2016년에는 한국자산신탁을 한국거래소 유가증권 시장에 성공적으로 상장하는 등 부동산 금융업계의 새로운 롤 모델이 되었다.

그는 이제 해외 사업에 눈을 돌리고 있다. 해외로 나가는 방안뿐만 아니라 외국 자본을 유치해서 국내 사업을 진행하는 투자 플랫폼을 구축할 계획이다. 또한 해외 사업의 확장과 더불어 국내외 토털 솔루션을 제공하는 글로벌 종합부동산금융그룹 설립을 목표로 하고 있다.

## 반 발만 앞서면 된다

문주현은 화려한 성공을 거두었지만 늘 과거를 잊지 않는다. 그가 개인적으로 가장 자랑스럽게 생각하는 것은 자신이 검정고시 동문회장이라는 점이다. 검정고시 출신이라는 것을 숨길 법도 하지만, 오히려 그는 검정고시를 통해 이렇게 성공했다고 떳떳하게 내세운다.

문주현은 창업한 지 3년 만인 2001년 문주장학재단을 설립했다. 그리고 그때까지 번 회사 이익의 절반인 5억 원을 쾌척했다. 독지가의 도움으로 대학을 겨우 졸업한 문주현은 "나도 돈을 벌면 어려운 이들에게 베풀겠다"는 다짐을 실행에 옮긴 것이다. "세상의 재물은 빌려 쓰는 것이요, 내 것이 아니다"라는 가르침을 따를 뿐이라고 입버릇처럼 말하는 그는 현재 총 2,100명에게 36억 원의 장학금을 수여했고, 문주장학재단의 자본금은 300억 원을 넘어섰다.

문주현의 돈 버는 비결은 간단하다. 앞을 조금 먼저 내다보고 반 발만 앞서면 된다는 것이다. 그는 사업의 핵심은 통찰에 있다고 말한다. 돈을 벌려면 미래에 어떤 일이 벌어질지, 정책과 시장이 어떻게 변할지를 알면 길이 보인다고 한다.

그는 "산 밑에 길이 있다"란 중국 속담을 즐겨 말하곤 한다. 멀리서 보면 잘 안 보이지만 막상 가까이 가면 길이 있는 것처럼 미리 걱정하지 말고, 일단 갈 때까지 최선을 다해 가보자는 것이다.

문주현은 어려운 집안 형편, '빽' 하나 찾아보기 힘든 환경을 탓하는 것은 콤플렉스에 불과하다고 지적하며 성공에 대한 간절함과 스스로 뭐든지 바꿀 수 있다는 자신감, 어떤 어려움도 이길 수 있다는 오기가 있으면 반드시 성공할 것이라고 강조한다.

### 엠디엠 MDM

1998년 창업한 엠디엠은 국내를 대표하는 부동산 개발 회사로 꼽힌다. 총 개발 연면적 264제곱미터, 분양 누적 매출액 9조 원의 실적을 보유하고 있으며, 부동산 개발 회사인 엠디엠플러스, 부동산 신탁사인 한국자산신탁, 여신금융사인 한국자산캐피탈 등 계열사를 거느리고 있다. 부동산개발부문의 연간 매출액 규모가 1조 원을 넘는다.

### 한국자산신탁 KAIT

한국자산신탁은 2001년에 설립된 부동산 신탁 전문 기업이다. 한국자산

관리공사 자회사로 시작해 2010년에 현재의 대주주인 엠디엠의 주요 계열사로 편입되었다. 엠디엠의 계열사 중 유일하게 2016년 유가증권 시장에 상장되었다.

2016년도 매출액 1,364억 원, 영업이익 961억 원, 당기순이익 731억 원을 달성했다. 국내 부동산 신탁 총 11개사 중 신탁수주 기준으로 1위를 차지하고 있으며, 수탁재산(신탁원본) 15조 원을 보유하고 있다.

# 글로벌 기업을 삼켜버린 월급쟁이

윤윤수 FILA 회장

F 모양의 로고로 유명한 FILA는 전 세계 70개국에서 1만여 개의 매장을 운영하는 세계 7위 스포츠 패션 브랜드다. 베네통처럼 톡톡 튀는 색감에서 이탈리아 출신 브랜드라는 느낌이 물씬 풍긴다. 이 거대한 브랜드를 이끄는 사람이 바로 윤윤수 회장이다. 더 나아가 전 세계 골프 선수들이 애용하는 골프 브랜드 타이틀리스트도 그가 이끌고 있다.

그를 만나보면 일상적으로 만나는 한국 기업인들과 다소 다른 느낌을 받는다. 일단 1년의 절반 이상을 해외에 체류하는 까닭에 넥타이나 양복을 입은 모양새도 조금은 외국 기업인처럼 보인다. 대화의 주제도 한국 시장과 관련된 내용은 그다지 많지 않다. 한국 시장이 너무 좁기 때문인데, 그의 관심은 주로 미국과 유럽, 남아메리카 등 전 세계에 펼쳐져 있다.

윤윤수의 삶은 그야말로 한 편의 격동 드라마다. 맨손으로 다국적 기업을 설득해 한국 지사를 만들고, 월급쟁이 사장이 된 다음 경영 위기에 몰린 본사를 인수한 것이다. 어떻게 보면 허무맹랑한 스토리지만, 그는 유창한 영어 실력을 기초로 "나는 가진 것 없이도 할 수 있다"란 말을 되뇌며 한국인 특유의 깡으로 성공했다.

## 도대체 되는 일이 없네

윤윤수의 삶은 30세 이전까지는 암흑이었다. 어머니는 그가 태어난 지 백일도 안 돼 장티푸스로 돌아가셨다. 고모의 손에서 자란 그는 아버지마저 고등학교 때 폐암으로 돌아가시며 외로운 어린 시절을 보냈다. 그는 의사가 되기로 결심하고 재수를 거쳐 서울대학교 치대에 합격했다. 하지만 치과의사 대신 부모님처럼 아픈 사람을 치료하는 의사가 되기 위해 다시 공부를 했다. 하지만 운이 따라주지 않았다. 윤윤수는 삼수 끝에 한국외국어대학교에 들어갔다. 그런데 학기말 시험에서 친구의 부정행위 때문에 1년 무기정학을 받았다. 도대체 마음대로 되는 일이 없었다.

윤윤수는 모든 것으로부터 도망치고 싶은 심정으로 군대에 자원했고 카투사 의무병으로 복무하면서 영어 공부에 집중했다. 결국 나이 서른에 대학을 졸업했다. 이후 외무고시 1차에 합격했지만 비전이 없다는 생각에 포기했다. 그렇게 이룬 것 하나 없이 윤윤수의 20대는 끝났다.

남의 몫을 인정해야 사업을 더 키울 수 있다는 윤윤수 회장

## FILA에 신발을 제안하다

해운공사를 다니던 윤윤수는 무역에 매력을 느껴 제이씨페니 한국 지

사로 자리를 옮겼다. 거기서 그는 삼성전자 전자레인지 6,000만 달러(약 680억 원) 수출 계약을 이끌어내면서 이름을 알리기 시작한다. 그리고 37살의 나이에 신발 제조업체인 화승의 최연소 수출담당 이사로 스카우트되었다. 하지만 3년 만에 자의 반 타의 반으로 회사를 떠나야 했다. 영화 ET가 성공하는 것을 보고 ET 인형 10만 개를 만들어 미국에 보냈지만 저작권 문제가 불거지면서 하나도 팔지 못했기 때문이다. 그 일로 회사에 80만 달러(약 9억 원)의 손실을 끼쳤다.

이제 갓 마흔이 된 나이에 실업자가 된 윤윤수는 생계 때문에 후배가 경영하는 예식장에서 일해보기도 했지만 자신의 일은 아니었다. 고민하던 그는 당시 의류로 인기가 많던 FILA를 떠올렸다. FILA는 희한하게도 모든 스포츠 브랜드가 다루는 신발을 만들지 않았다. 화승에서 일했던 경험을 바탕으로 윤윤수는 FILA 본사를 설득한 끝에 한국에서 만든 신발에 FILA 상표를 붙여 미국에 판매하기 시작했다. 그리고 신발이 FILA의 의류 매출액을 넘어설 정도로 성장하던 1991년, 그에게 FILA 코리아 대표이사 제안이 들어왔다.

FILA코리아는 설립 이듬해 150억 원의 매출액을 기록하고, 이후 6년간 매년 50% 이상의 성장세를 보였다. 엔리코 프레시 전 FILA 회장이 "FILA의 탄생은 이탈리아지만, FILA의 성장은 한국이다"라고 말할 정도로 성장세가 두드러졌다. 연봉 25억 원을 받을 정도로 능력을 인정받은 윤윤수는 2005년 삼성증권으로부터 180억 원을 마련해 FILA코리아를 정식으로 인수했다.

## 월급쟁이, 글로벌 그룹을 집어삼키다

1990년대 말 FILA 본사는 과도한 제품 개발 투자와 마케팅 실패로 매출액이 크게 떨어졌고, FILA 지주 회사의 최대 주주인 사모펀드 서버러스가 본사인 FILA글로벌을 팔기로 결정했다. 다른 나라에서는 왜 한국만큼 FILA 제품을 못 파는지 항상 아쉬웠던 윤윤수는 과감히 본사 매각 입찰에 응모하기로 결심했다.

당시에 FILA코리아의 매출액은 3,000억 원 정도였다. 그런데 본사 매각 금액은 5,000억 원이 넘었다. 집을 포함해 자신의 모든 재산과 주변 사람들의 돈을 긁어모았다. 그래도 돈이 부족하자 당시 200여 명의 직원들을 설득해 퇴직금을 정산하고 우리 사주를 구입하는 방식으로 자금을 모았다. 하지만 여전히 돈은 턱없이 부족했다.

고민하던 윤윤수는 FILA 브랜드를 사용하는 라이선스 사업자들이 5년마다 재계약에 전전긍긍한다는 사실에 착안했다. 그는 세계 각국의 지사장들을 모아 자신이 인수하면 평생 FILA 브랜드를 사용하게 해줄 테니, 대신 종신 로열티 총액의 50%를 먼저 달라고 요청했다. FILA코리아의 성장을 잘 알고 있었던 지사장들은 이에 동의했다.

그다음 윤윤수는 FILA 각국 지사의 의향서를 가지고 외환은행에 찾아가 전체 인수금액 가운데 부족한 나머지 4분의 3에 달하는 인수자금을 조달했다. 선 로열티를 담보로 인수자금 대부분을 은행 빚으로 마련한 셈이었다.

당시 인수 경쟁에 뛰어든 회사는 8곳이었다. 이 가운데 2곳은 FILA코리아보다 더 높은 금액을 제시했지만, 그동안 입증된 경영 능력과 세계 각국 지사의 지지에 힘입어 윤윤수는 글로벌 브랜드 FILA를 따냈다.

윤윤수는 경영 정상화를 위해 미국에서 적자를 보던 소매점을 과감하게 닫고 고가 전략을 수정해 가격을 낮췄다. 그렇게 적자 규모를 점차 줄여나갔고, 본사 인수 4년 만인 2007년 그는 FILA 브랜드를 완벽하게 소유하게 되었다.

FILA 경영이 안정되면서 갑자기 미래에셋으로부터 제안이 들어왔다. 세계적인 골프공 회사인 타이틀리스트와 골프신발로 유명한 풋조이를 보유한 아쿠쉬네트홀딩스 인수전에 자신들이 재무적 투자자로 참여할 테니 윤윤수가 경영을 맡아달라는 것이었다.

FILA를 인수하며 워낙 고생을 했기 때문에 윤윤수는 거절부터 했다. 하지만 계속해서 요청이 들어오자 결국 그는 미래에셋 등과 함께 아쿠쉬네트홀딩스 지분 100%를 13억 달러(약 1조 5,000억 원)에 인수했다. 윤윤수의 FILA코리아도 지분 12.5%를 확보했다.

인수는 했지만 또 다른 위기에 봉착했다. 윤윤수의 지분율이 낮아서 아쿠쉬네트홀딩스 현지 경영진들이 그의 지시를 잘 따르지 않는 것이었다. 회사의 영업이익을 5년 안에 두 배로 늘리기로 투자자와 약속한 상황에서 그는 난감했다. 결국 지분율을 높이는 수밖에 없다고 판단하고 5년간 매년 4%씩 지분을 늘려서 지분율을 33.1%까지 올렸다. 이어 2016년 10월에는 아쿠쉬네트홀딩스를 상장시키고 추가 지분 20%를 다시 사들였다.

## 남의 몫을 인정할 줄 알아야

대학 삼수를 통해 겸손을 배운 윤윤수는 청년들에게 영어 실력을 키우라고 강조한다. 해외 시장은 너무나 넓기 때문에 한국인 특유의 근성으로 도전하면 반드시 성공의 길이 열린다는 것이다. 대한민국의 기업에도 해외 기업 M&A에 적극 나서라고 독려하고 있다.

돈에 대한 그의 원칙은 간단하다. 사업으로 번 돈의 40~50%를 세금으로 내고, 25%는 남을 위해, 25%는 나를 위해 쓰는 것이다. 사업을 혼자서 일궜다고 생각하는 것은 큰 착각이라고 생각하는 그는 "내 수입 중 남의 몫을 인정해야 사업을 더 키울 수 있다"고 강조한다.

FILA

FILA는 1911년 이탈리아에서 출발한 세계적 스포츠 브랜드로, 전 세계 70여 개국에 1만 개의 매장이 있다. 윤윤수 회장은 2007년 FILA에 이어 2011년에는 풋조이와 타이틀리스트를 보유하고 있는 아쿠쉬네트홀딩스를 인수했다.

2016년 12월 아쿠쉬네트홀딩스를 자회사로 편입시킨 FILA코리아는 매출액 2조 5,000억 원대로 몸집이 커졌다. 2015년 기준으로 FILA코리아의 매출액은 8,000억 원, 아쿠쉬네트홀딩스는 1조 7,000억 원이다.

## 유럽 최고의 한국인 거상

박종범 영산그룹 회장

영산그룹은 박종범 회장의 고향에 있는 영산강에서 이름을 따왔다. 가톨릭 세례명도 영산靈山을 의미하는 카르멜로다. 동유럽은 물론 러시아와 아프리카를 넘나들며 온수매트부터 장갑차까지 모든 것을 파는 유럽 최고의 한국인 거상으로 성장한 그의 고향 사랑을 보여주는 한 단면이다.

박종범은 마치 사하라 사막을 헤매고 온 사람처럼 얼굴이 까맣다. 그 까만 얼굴로 활짝 웃을 때면 여간 순박하게 보이는 것이 아니다. 도대체 외환위기 때 무슨 깡으로 사표를 던지고 저 멀리 오스트리아 비엔나에 가족들과 남았을까. 함께 식사를 하며 아무리 설명을 들어도 도통 믿기지 않았다. 다만 TV 드라마에 나오는 멋진 국제 무역상은 아니지만 왠지 이 사람이 말하면 믿어도 될 것 같은 진정성이 느껴진다. 어쩌면 이것이 그의 최대 장점인지도 모르겠다.

요즘 그는 한국을 자주 방문한다. 2014년 세계 한상들의 모임인 한상 대회장을 맡으면서 침체된 한국 경제에 무언가 보탬이 될 일이 없을까 하는 생각 때문이다. 한국에 와서 이런저런 제품을 살펴보면서 어디와 거래선을 닿게 해줄까 고민하는 것이다.

한편에서는 동유럽과 서유럽을 이어주는 교차로 역할을 하는 오스트리아와 한국을 어떻게든 친하게 만들어 서로가 윈윈하는 관계로 만들려는 욕심 때문이기도 하다. 그 때문에 매년 막대한 돈이 들어가는 두 나라의 문화 교류는 모두 그의 몫이 돼버렸다.

박종범은 긍정적인 마인드로 세상을 바라보며 열정과 집념으로 살고, 신뢰를 잃지 않는 것이 성공에 가장 필요한 가치라고 늘 강조한다. 개인적으로는 초등학교 때 오스트리아로 와서 군 의무가 없는 두 아들이 한국에 돌아가 군 복무를 마친 것이 가장 고맙고 큰 자랑이라고 한다.

## 평범했던 시절

박종범은 광주 근교의 영산강 마을에서 7남매 가운데 넷째로 태어났다. 지금은 광주광역시에 편입됐지만, 옛날에는 광산군 대촌면 구소리였다. 원래는 법관이 되고 싶어 법대 진학을 희망했지만 실패했고, 조선대학교에서 경영학을 전공했다.

대학 졸업 후 연세대학교 행정대학원을 다니며 고시를 준비하다 군대에 입대했다. 제대 후 박종범은 대성그룹에 취업해 상사원의 길로 들어섰다. 평범한 우리의 모습이었다.

## 오스트리아에서 외환위기를 맞다

박종범은 기아자동차로 직장을 옮겨 해외 영업을 계속했고 1996년 오스트리아 법인장으로 파견을 나갔다. 하지만 1997년 외환위기 때 기아자동차 오스트리아 법인이 폐쇄되면서 귀국하라는 본사의 지시를 받았다.

박종범은 한국의 어려운 상황을 지켜보면서, 귀국하더라도 구조조정 대상이 될 것이라 판단하고 차라리 자녀 교육이라도 제대로 시키자는 심정으로 회사에 사표를 내고 현지에 남았다.

한국에 있는 집과 재산을 처분해 자본금 10만 달러(약 1억 1,000만 원)를 마련한 다음 1999년 비엔나에서 영산한델스(영산무역)를 차렸다. 독일어가 가능한 사무실 여직원 1명이 전부였다. 제대로 된 수입이 없는데 가족의 생활비와 아이들 교육비, 회사 운영비까지 들어가다 보니 돈은 순식간에 바닥을 보이기 시작했다. 박종범은 하루 2시간도 편안하게 잠을 이루지 못했고 식은땀이 쏟아져 수건을 몸에 두르고 잠자리에 들었다고 당시를 회상한다.

박종범은 사회 전반의 시스템과 경제 구조가 안정적으로 잘 구축된 유럽에서 틈새시장인 동유럽을 선택했다. 당시 동유럽은 많은 국영 기

긍정적인 마인드와 열정, 집념, 신뢰가 성공의 필요 가치라는 박종범 회장

업이 민영화가 되던 상황이어서 그가 비집고 들어갈 틈이 많을 것이라고 판단한 것이다.

박종범이 사업을 시작하며 속으로 끊임없이 다짐한 것은 기아자동차 법인장의 배지를 마음속에서 떼는 것이었다. 그동안 현지 기업인들이 그를 만나준 것은 기아자동차 법인장이었기 때문이었다. 조직이 없는 개인으로 박종범이 시장에 접근하기는 힘들었다.

## 사탕 포장지로 살았지만 다시 위기 속으로

고심하던 박종범은 비엔나에 어린 자녀와 아내를 남겨두고 홀로 우크라이나로 향했다. 그곳에서 처음 한 일은 사탕 포장지를 공급하는 일이었다. 한국에서 비닐 포장지를 수입해 우크라이나의 사탕 공장에 납품하는 것이었다. 이후 나무 무늬 플라스틱 장식 시트와 종이에 얇은 막을 씌우는 노미네이션 필름 등을 수입해 우크라이나와 러시아로 판매망을 넓혔다.

순조롭던 사업은 곧 위기에 봉착했다. 포장지 인쇄업체가 인쇄 불량을 감추고 제품을 보냈다가 회사 자본금의 15배가 넘는 액수의 클레임이 걸린 것이다. 사고를 낸 인쇄업체 공장장은 자취를 감췄고 책임을 떠안은 박종범은 막막하기만 했다. 결국 그는 바이어를 찾아가 통사정을 해 가까스로 손실액을 2년간 상환하기로 했다. 이후 박종범은 한 달에 비행기를 스물두 번 타고, 1년 동안 200일 이상 출장을 다니는 강행군을 하며 돈을 갚아나갔다.

이런 열정에 바이어들은 감동했고, 우크라이나 회사는 박종범이 가장 자신 있어 하는 자동차 사업을 제안했다.

## 자동차 무역에 뛰어들다

밑바닥에서부터 수출을 다시 배운 박종범은 2004년 한국 자동차를 우크라이나에 공급하는 중간 무역에 뛰어들었다. 자동차 사업은 자신이 가장 잘 알고 있는 만큼 전라남도에 '영산글로넷'을 설립하고 자동차는 물론 자동차 부품과 타이어, 배터리 및 케이스, 휠을 우크라이나로 수입해 팔기 시작했다.

이 과정에서 동유럽 국가들의 자금력이 부족하다는 점을 알게 된 그는 2005년부터 자신이 거주하는 오스트리아 은행을 통해 금융 지원을 알선했다.

우크라이나와 러시아, 슬로바키아 바이어들이 한국 자동차를 수입하기로 결정하면, 자동차를 담보로 박종범이 신용장을 개설하고 오스트리아 은행이 한국 회사에 먼저 대금을 지급해 거래가 원활하게 진행되도록 지원한 것이다. 자연스럽게 수출 창구 역할을 하면서 동유럽 바이어들은 그를 통해 한국 자동차를 대거 구입하게 되었다.

자동차 무역이 어느 정도 안정화 단계에 접어들자 박종범은 완성차를 분해하고, 개조하는 조립 공장을 세웠다. 자동차 제조업체들이 승용차와는 달리 버스와 트럭 등은 왼쪽, 오른쪽 핸들을 따로 만들지 않았고, 완성차는 세금이 높지만 부품은 세금이 낮다는 것에 착안해 공장을 세운 것이다.

영산그룹은 자동차 개조 및 분해 포장, 조립, 검수 사업으로 영역을 확장하면서 2007년 슬로바키아, 2009년 전주에 공장을 설립했다. 슬로바키아 공장은 연간 10만 대의 자동차 처리 능력을 가졌으며 전주, 터키 공장과 함께 러시아, CIS, 중동 및 아프리카에 반제품 차량을 공급하고 있다. 설립 9년 만인 2008년에는 매출액 1조 원을 돌파했다.

2011년에는 서아프리카 말리 등지에 자동차 조립 공장을 설립해, 2015년 말리 정부로부터 군용트럭 연 500대(약 6,000만 달러)와 덤프트럭 250대(5,000만 달러)를 수주했다.

## 해외 시장 진출의 가교가 되다

박종범은 귀뚜라미보일러의 해외 진출 파트너로도 활동하고 있다. 그 덕분에 귀뚜라미보일러는 산유국인 카자흐스탄에서 보일러 시장 1위를 고수하고 있다. 전기요금이 저렴한 우크라이나를 전기온수기로, 중앙아시아 CIS 지역을 온수매트로 적극 공략하고 있다. 전기매트보다 고급 사양인 온수매트의 소비자 만족도가 높기 때문인데, 온돌 문화를 기억하는 CIS 지역의 20만 고려인을 시작으로 판매 대상을 점차 확대할 계획이다.

박종범은 2008년 유럽, 특히 동유럽 교민들이 모국의 정서와 문화, 전통을 잊지 않도록 해야 한다는 생각으로 한인문화회관 설립에 적극 참여했다. 여러 교민의 힘을 합쳐 총 85만 유로(약 11억 원)를 모았고, 재외동포재단과 비엔나시의 도움을 받아 시내 중심에 있는 건물과 부지를 100년간 무상 임대하기로 했다.

이 같은 공로를 인정받아 그는 오스트리아 한인회장으로 당선되었고, 2014년에는 세계한상대회 조직위원장으로 활동하였다. 박종범은 한인교민 50년사를 집대성하기 위한 《오스트리아 한인 동포사》 편찬 사업에도 박차를 가하는 한편, 1999년 창단한 한-오스트리아 필하모닉 오케스트라를 지원하고 있다.

**영산그룹** YOUNGSAN

영산그룹은 1999년 오스트리아 비엔나에서 자동차 및 화학 사업을 기반으로 시작하여 현재 무역 및 물류를 주요 사업으로 하고 있다. 슬로바키아, 체코, 터키, 아프리카 등에 자동차 개조 공장을 설립해 2017년 현재 15개국 30곳에 글로벌 네트워크를 구축했다.

2006년에 매출액 1억 유로(약 1,300억 원)를 넘어섰고, 2008년부터 우리 돈 1조 원에 달하는 7억 유로의 매출액을 올렸다. 2008년에는 오스트리아의 가장 큰 은행인 뱅크오스트리아에서 '올해의 고객상'을 수상하기도 했다.

| 김영찬 골프존 회장

| 이상직 이스타항공 회장

| 문창기 이디야 회장

| 문경안 볼빅 회장

| 유영호 티앤아이 대표

| 윤형관 하이이노베이션 회장

PART
02

# 누구에게나
# 기회는 온다

"하늘은 스스로 돕는 자를 돕는다"라는 격언이 있다. 세상을 살다 보면 누구에게나 기회가 오기 마련이다. 그 기회를 몰라서 못 잡는 경우도 있고, 뻔히 아는데 제대로 준비가 안 됐거나 겁이 나서 못 잡기도 한다. 미리 준비된 자만이 그 기회를 잡을 수 있는 것이다.

그러기 위해서는 먼저 자신의 일에 충실해야 한다. 일도 좋고 취미도 좋다. 그러다 보면 이런저런 아이디어와 열정이 샘솟기 마련이다. 이번에 소개하는 사람들은 어렸을 때부터 비행기를 좋아하다가 결국 항공사를 운영하는가 하면, 골프를 즐겨 치다가 아예 그쪽으로 사업 방향을 틀어서 성공하기도 한다. 또 회사 직원이나 여행 가이드의 장황한 설명에서 영감을 얻어 새로운 사업에 뛰어들기도 한다.

이들의 공통점은 아주 간절히 바라고 철저히 준비했다는 데 있다. 그렇기에 우연찮게 찾아온 기회에 과감히 인생을 걸고 도전할 수 있었던 것이다. 그런 의미에서 성공에 행운은 없다.

김영찬 골프존 회장은 삼성전자에서 500여 명의 팀을 이끌다가 퇴직했다. 하지만 노후를 편안히 보내기 위해 만들어두었던 정보 사업이 한계에 부딪히면서 새로운 사업을 모색해야 했다. 골프를 좋아하던 그는 골프 시뮬레이터를 직접 만들기로 결심하였다. 취미가 사업이 된 것이다. 그는 한밤중에 몰래 골프 연습장에 들어가 미국산 골프 시뮬레이터를 뜯어보며 연구를 거듭했고, 고생 끝에 골프 시뮬레이터를 만드는 데 성공했다. 그는 여기서 멈추지 않았다. 때마침 불어온 IT 붐을 이용해 스크린골프라는 새로운 영역을 만들어냈다.

시골에서 자란 이상직 이스타항공 회장은 어렸을 적부터 비행기를 동경했다. 하지만 자신이 항공사를 운영하게 될 것이라고는 예상하지 못했다. 증권 회사에서 유망한 펀드매니저로 활동하던 그는 고향인 전라북도에서 중소기업 경영자로 변신하였다. 그런데 생각하지도 못한 항공사 운영의 길이 열렸다. 전라북도가 새만금을 겨냥한 항공사 설립을 추진한다는 사실을 알게 된 것이다. 그는 이것이 자신에게 주어진 운명이라고 생각했다. 그래서 자신이 알고 있는 금융 기법을 총 동원해 달랑 비행기 1대만으로 사업권을 따냈다. 일부 저비용항공사들이 부도 위기에 몰렸지만, 그는 항공권을 일찍 예매하면 가격을 낮춰주는 얼리버드제 등 갖가지 아이디어를 내놓으며 저비용항공사의 대표주자가 됐다.

우리가 동네 어귀에서 심심찮게 볼 수 있는 커피전문점 이디야는 외환위기가 낳은 작품이다. 동화은행을 다니다 외환위기로 실업자가 된 문창기 이디야 회장은 투자자문사를 차리게 된다. 그때 그는 뜻밖의 기회를 잡게 된다. 그 시절 80여 개 안팎의 가맹점을 가지고 있던 이디야를 과감히 인수하기로 결정한 것이다. 당시에 커피전문점은 유명 브랜드의 대형 매장 위주였는데, 그는 미국처럼 우리나라도 테이크아웃 방식이 유행할 것으로 내다봤다. 그는 이디야를 이면도로에 테이크아웃 전문점으로 구성하고, 대신 가격을 크게 낮추었다. 이 같은 승부수는 멋지게 통하면서 이디야는 스타벅스의 아성을 위협할 정도로 성장하였다.

문경안 볼빅 회장은 조그만 무역 회사를 경영하면서 골프를 치는 것이 유일한 즐거움이었다. 무엇이든 끝장을 보는 성격이었던 그는 단순히 골프를 좋아하는 것을 넘어 골프채와 골프공까지 자세히 연구할 정도로 골프에 빠지게 되었다. 코스닥에 상장된 실력 있는 골프공 회사가 적대적 M&A로 몰락한 채 매물로 나왔다는 이야기를 듣게 된 그는 과감히 도전했다. 하지만 쉽지 않았다. 인수한 회사가 만드는 골프공의 품질은 훌륭했지만 국산 브랜드라는 이유로 시장에서 번번이 천대받기 일쑤였다. 그는 골프 캐디들의 회식을 쫓아다니며 신제품을 홍보하였고, 컬러볼을 개발하면서 국내 골프 시장에 신선한 바람을 불러왔다. 최근에는 한국 골프 선수를 후원하면서 해외 시장 공략에 박차를 가하고 있다.

유영호 티앤아이 대표는 학창 시절 호기심으로 찹쌀떡을 팔다가 포장마차와 군고구마 통을 계열사처럼 거느린 학생 회장님이 되었다. 그는 군대를 마치고 용접사 생활을 하다가 호텔용품 사업을 시작하며 어느 정도 자리를 잡을 수 있었다. 그런데 회사 직원의 요청으로 회사 홈페이지에 무심코 올려놓은 베개가 어버이날 선물로 잘 팔리는 것을 보게 되었다. 호기심이 생긴 그는 베개 개발자를 직접 만나보고 "잘만 하면 사업이 되겠구나"라는 판단을 했다. 그는 곧바로 베개 개발자와 함께 베개 개발에 나섰고, 여러 시행착오 끝에 날개가 달린 희한한 베개를 만들어냈다. 이 제품은 수십만 원대의 비싼 가격이지만 입소문에 힘입어 건강베개의 대명사로 자리를 잡고 있다.

윤형관 하이이노베이션 회장은 상고를 졸업하고 은행에 취직했다. 고졸 출신으로 첫 노조위원장에 오른 그는 "고졸 출신인 내가 이 은행에서 얼마나 버틸 수 있을까?"라는 고민을 거듭하다 우연찮게 본 일본의 주차관리시스템에 큰 인상을 받게 된다. 그는 노조위원장 임기를 마치자 창업을 결심했고, 공영 주차장 위탁 사업에 뛰어들었다. 주차장에 들어갈 때 번쩍하고 자동차 번호판을 자동으로 인식하는 프로그램을 비롯해 여러 가지 번뜩이는 시스템을 개발한 그는 공영 주차장 운영권을 잇달아 따내면서 우리나라 주차 왕이 됐다.

## 스크린골프 세상을 만들다

김영찬 골프존 회장

박세리 선수가 LPGA 메이저 대회에서 우승하자 2000년대 초반 국내 골프 인구가 기하급수적으로 늘어났다. 하지만 골프장 숫자는 그대로여서 골프를 칠 때마다 골퍼들은 한바탕 예약전쟁을 치렀다. 지금은 상상하기 힘들지만 주말에 원하는 골프장에서 원하는 시간대에 골프를 치려면 예약 프리미엄이 100만 원에 육박할 정도였다.

이런 시장에 한줄기 단비 역할을 한 곳이 바로 스크린골프장이다. 한겨울에도 친구들과 치킨에 맥주를 마시면서 내가 가보고 싶은 골프장을 선택해 골프를 칠 수 있게 된 것이다. 그것뿐만이 아니다. 서울에서 부산, 광주 등 멀리 떨어져 있는 친구와 골프 대결을 펼칠 수도 있다.

이런 모든 것을 가능하게 한 이가 바로 김영찬 골프존 회장이다. 그는 나이에 비해 탄탄한 체구와 살아 있는 눈빛을 지니고 있다. 악수를 할 때면 손의 힘이 상당히 세다는 것이 느껴진다. 세상과 타협하기보다는 좀 더 편리하고 좋은 기술을 개발하겠다는 연구원 이미지가 상당히 강하다는 느낌도 받는다. 그는 아닌 것은 아니라는 똑 부러지는 성격을 갖고 있다. 그래서 점주들과 인식 차이로 불화를 겪기도 했지만, 이제는 적절한 타협점을 찾았다. 그는 기술 개발에 총력을 기울여 소비자에게 최상의 서비스를 제공하는 것이야말로 최고의 사회 공헌 활동이라고 생각하고 있다.

## 도대체 무엇을 하고 살 것인가

평범하게 자라 홍익대학교 기계학과에 입학한 김영찬은 대학을 졸업하면 무엇을 하고 살 것인가 하는 고민을 했다. 딱히 하고 싶은 일도 하기 싫은 일도 없었다. 1967년부터 3년간 군대에 다녀왔지만 좀처럼 진로를 결정할 수가 없었다. 친구와 함께 독일로 날아가 광부가 될까 하는 생각도 했지만, 실행에 옮기지는 못했다.

대학 졸업 후 남들처럼 직장을 구하다가 GM코리아(현 한국GM)에 입사하게 되었다. 그리고 우연찮은 기회에 삼성전자 과장으로 자리를 옮겼는데, 교환기, 키폰시스템, 팩시밀리 등의 제품을 생산하는 정보통신 부서에 근무하게 되었다.

자신의 업무를 성실하게 한 김영찬은 사업부장으로 승진하게 된다. 그가 지휘하는 부서 인력만 500명에 기술 개발부터 생산, 마케팅, 영업까지 매출액 1,500억 원을 담당하는 자리였다. 김영찬은 3년간 사업부장으로 근무하면서 일본 연수를 통해 현장경영에 눈을 떴고 사내 교육을 통해 미국식 전략경영도 배울 수 있었다.

## 47세에 사업을 시작하다

삼성전자에서 일한 지 15년, 김영찬은 47세의 나이에 삼성전자를 그만두었다. 그리고 '영밴'이란 부가통신 사업을 시작했는데, 지금의 자동응답시스템ARS과 비슷한 음성사서함VMS서비스에 맞는 콘텐츠를 제공하는 사업이었다.

처음에는 수익성이 제법 좋았다. 하지만 4~5년이 지나자 경쟁 회사들이 우후죽순으로 생기기 시작했다. 김영찬은 더 이상 기존의 부가통신 사업은 비전이 없다고 판단하고 새로운 일을 찾았다.

당시에 그는 골프를 즐기며, 주변 사람들에게 골프를 가르쳐주기도 하고 때로는 골프장에 함께 가주기도 했다. 그때마다 연습장에서 바로 골프장으로 가는 것은 무리인 만큼 골프장을 미리 경험해볼 수 있는 장치가 있었으면 좋겠다는 생각을 하게 되었고, 결국 본인이 직접 만들어야겠다고 결심했다.

당시에는 일류 연습장이나 고급 호텔 피트니스센터에 미국산 골프 시뮬레이터가 있었는데, 1대당 가격이 1억 원에 육박하고 잔고장이 많았다. 이런 기계를 제대로 만들어 실내 골프 연습장에 공급하면 사업이 되

대한민국에 스크린골프 열풍을 일으킨 김영찬 회장

겠다고 판단한 김영찬은 2000년 5월 '골프존'이란 사명으로 작은 사무실을 냈다. 직원은 총 5명이었다.

## 새벽 2시에 이뤄진 골프 시뮬레이터 분석

사무실을 냈지만, 골프 시뮬레이터를 개발하는 길은 첩첩산중이었다. 골프채의 스윙과 공의 궤적을 알 수 있는 센서는 기본적으로 인프라레드라는 광소자를 이용해 만드는데, 그렇게 어려운 기술은 아니어서 수입 제품을 벤치마킹해 만들었다. 문제는 골프 시뮬레이터에 이 기술이

어떻게 적용되는지 도대체 알 수가 없다는 것이었다. 미국산 골프 시뮬레이터는 1대에 1억 원이나 될 만큼 비싸서 살 수도 없었고, 그 기계를 분석하도록 허락해주는 곳도 없었다.

김영찬은 고민 끝에 미국산 골프 시뮬레이터가 설치된 연습장의 직원을 설득하기 시작했다. 하지만 워낙 고가인 탓에 그 직원은 당연히 거절했다. 집요한 설득 작업이 계속됐다. "비싼 수입 제품을 대신할 수 있는 국산 제품을 만들려고 한다. 기기 내부만 살펴보면 된다. 절대 골프 연습장에 피해가는 일이 없도록 하겠다"라고 설득한 끝에 간신히 허락을 받았다.

김영찬과 연구팀은 골프 연습장 문이 닫힌 새벽 2시에 직접 가서 기기 내부를 살폈다. 잘 모르는 부분은 사진을 찍었다. 이를 토대로 국내 기술자를 찾아 몇 개월 만에 시제품을 만들었다. 하드웨어를 갖추었으니 그 다음 필요한 건 소프트웨어였다. 센서를 통과한 공의 구질(데이터)을 파악해 스크린의 골프장(그래픽)에 정확히 구현해내는 소프트웨어를 전문가에게 부탁했는데, 아무런 소득 없이 6개월 만에 접어야 했다. 사실상 사기를 당한 셈이었다. 하지만 그 덕분에 김영찬은 2명의 젊은 소프트웨어 개발자를 만날 수 있었고 본격적인 소프트웨어 개발에 들어가게 되었다.

## 골프박람회에서의 첫 계약

2000년 회사를 설립하고 1년 6개월이 걸려 첫 제품을 내놓았다. 그러나 2002 한일 월드컵을 앞두고 아무도 관심을 갖지 않았다.

김영찬은 지푸라기라도 잡는 심정으로 매일경제신문사가 주최한 '한국골프종합전시회'에 참가했다. 골프 시뮬레이터를 보고 많은 관람객과 바이어들이 부스를 찾아왔지만 정작 계약하거나 구입하는 사람은 없었다.

그런 와중에 40대 중반의 한 여성이 전시회 기간 내내 부스를 찾아와 제품을 살펴보고 직접 체험을 했다. 알고 보니 유명 콘도 회사 회장의 부인이었는데, 일본산 골프 시뮬레이터를 구입하려다가 골프존 제품을 보게 된 것이었다. 결국 전시회 마지막 날 해당 콘도 회사가 찾아와 제품을 계약했다. 골프존의 첫 계약이었다. 유명 콘도 회사에서 구입했다는 소문이 나자 제품 주문이 크게 늘어났고, 2002년 그해 골프존은 10억 원의 매출액을 올리게 되었다.

이후 골프존의 매출액은 2003년 20억 원, 2004년 30억 원, 2005년 50억 원, 2006년 120억 원, 2007년 314억 원, 2008년 1,000억 원을 돌파하며 성장세를 이어갔다.

## 스크린골프에 도전하다

골프 시뮬레이터로 성공한 김영찬은 실제 골프장에서 골프를 치는 듯한 가상의 실내 골프장 사업에 도전했다. 당시 골프 연습장에서는 골프장 그림 하나만 앞에 달랑 걸어놓고 골프공을 치는 방식이었다. 김영찬은 자신이 골프장을 고르고 그 골프장 화면을 배경으로 공을 쳐서 해당 지역에 떨어지는 듯한 모습을 연출할 수 있다면 충분히 성공할 것이라고 생각했다.

하지만 이 역시 기술적 난관이 만만치 않았다. 실내 골프게임장을 만들기 위해서는 골프 시뮬레이터를 넘어 센싱 기술, 3D영상 기술, 음향 기술, 시스템관리 기술 등 다양한 IT 기술이 적용되어야 했다. 하지만 그는 전국의 골프장을 3차원으로 표현한 대형 화면에 그린 상태와 목표 지점, 풍향, 풍속, 남은 거리 등 각종 홀 정보를 일일이 구현했다.

천신만고 끝에 스크린골프장을 열었지만, 저렴한 가격의 후발주자가 나타나는 것은 시간 문제였다. 김영찬은 전국의 골프존을 온라인으로 연결시키는 작업에 착수했다. 서울에 있는 골퍼가 지방에 있는 친구와 스크린골프를 함께 칠 수 있도록 한 것이다. 동호회·직장인·고교동창 대회 같은 이벤트를 비롯해 대규모 상품을 걸고 온라인상에서 전국 대회를 매달 열었다. 경기 기록에 따라 본인의 랭킹과 상금 순위가 나오자 사람들은 더 열광하면서 골프존을 찾게 되었다.

## 골프 왕국을 만든다

김영찬은 지난 2011년 전라북도 고창의 골프존카운티 선운에 이어 2013년에 경기도 안성의 골프존카운티 안성Q, 안성H, 웨스트파인GC

까지 인수해 총 4개 오프라인 골프장을 운영하며 골프 대중화에 앞장서고 있다.

해외 시장 진출도 적극적이다. 2008년 홍콩 현지법인 설립을 시작으로 일본에도 진출했으며, 향후 세계 100대 도시에 골프존을 수출해 1억 달러(약 1,100억 원) 매출액을 올리는 것이 목표다. 이와 함께 골프존을 통해 쌓은 기술력으로 스크린야구 시장에도 도전장을 내밀었다. 골프존이 만든 스트라이크존은 최근 야구동호회를 중심으로 새롭게 시선을 끌고 있으며 해외에서도 러브콜이 오고 있다.

**골프존** GOLFZON NEWDIN GROUP

골프존은 2000년에 스크린골프 제조 및 판매를 목적으로 설립되어 2014년 말 기준 국내 스크린골프 시장 점유율 76%를 차지하고 있다. 2011년에 코스닥 상장을 하면서 상장 당일 시가총액 1조 원을 넘어서며 화제를 불러 모았다.

골프존은 2015년 사업 분할을 통해 현재는 지주 회사 골프존뉴딘으로 상호가 변경되었으며 자회사로 골프존, 골프존유통, 골프존카운티, 뉴딘콘텐츠를 두고 있다. 2016년 기준으로 매출액 2,170억 원, 영업이익은 454억 원을 기록했다.

## 시골 촌놈, 항공사 사장이 되다

이상직 이스타항공 회장

저비용항공사LCC, Low Cost Carrier가 출현하면서 우리의 여행 모습도 달라졌다. 항공사마다 치열하게 경쟁하다 보니 제주도는 물론 동남아 여행이 한결 쉬워졌다. 보다 저렴한 가격에 가족들과 즐거운 여행을 다녀올 수 있게 된 것이다. 하지만 항공사 운영이 쉽지는 않다. 그래서 초창기에 등장했던 저비용항공사들이 사라지고, 지금은 대기업이 진출하고 있는 실정이다. 이런 가운데 전라북도에서 생긴 조그만 항공사 이스타항공이 여러 가지 이벤트로 항공 문화를 선도하는 모습이 상당히 이채롭다.

이상직 이스타항공 회장의 첫인상은 한마디로 단단하다는 것이다. 그는 맨손으로 시작해 증권사를 거쳐 중소기업을 운영하고 비행기 1대로 항공 사업을 시작했다. 혈혈단신으로 사업을 추진했으니 얼마나 힘들었냐는 질문에 그는 하고자 하는 의지만 있으면 달성하지 못할 것이 없다고 힘주어 말한다. 정주영 회장을 가장 존경한다는 그는 스스로에 대한 확신으로 변화를 이끌겠다는 의지가 상당히 강하다.

이상직은 중소기업 경영에서 느꼈던 불합리한 점을 고치고자 19대 국회의원으로 활동했는데, 대형마트 의무휴업일과 영업시간 규제를 확대하고, 대기업이 부당하게 납품 단가를 낮추면 징벌적 손해 배상을 3배까지 요구할 수 있도록 해 경제 민주화에 앞장섰다는 평가를 받았다.

## 100점 만점에 108점

이상직은 전라북도 김제에서 나전칠기재료 총판을 하는 아버지 밑에서 태어났다. 명문인 전주고등학교에 입학했지만, 집안 사정이 어려워지면서 대학입시 공부보다 농사일을 도와야 했던 적이 많았다.

어렸을 때부터 유독 수학에 강했는데, 초등학교 6학년 월별고사 때는 수학시험 점수가 100점 만점에 108점이 나왔다. 선생님이 착각한 줄 알고 물었더니, 선생님은 주관식 문제 풀이가 너무 독창적이어서 108점을 줬다는 이야기를 할 정도였다.

고등학교 3학년 때 갑자기 본고사가 폐지되고, 예비고사와 내신 성적만으로 대학 입시를 치르게 되었다. 주요 과목만 신경 쓴 이상직은 내신 성적이 엉망이었고, 결국 명문대 진학을 포기하고 항공대학교에 도전하기로 결심했다. 어릴 적부터 비행기를 보며 파일럿이 되고 싶었기 때문인데, 시력이 안 좋아서 항공운항과 대신 항공경영과를 선택했다. 원서를 접수할 돈밖에 없었던 이상직은 서울 가는 친구에게 원서 접수를 부탁했다. 그런데 그 친구가 술을 마시느라 그 돈을 다 써버리는 바람에 꿈을 접어야 했다.

결국 복수지원했던 동국대학교 경영학과에 들어갔다. 구로동의 형 집에서 학교를 다닌 이상직은 야쿠르트 배달을 하던 누나가 등록금을 보태주는 것에 미안함을 느껴 식당에서 고기 불판을 닦기도 하고 버스 푸시맨도 하면서 돈 100만 원을 모았다. 그런데 마침 한겨레신문이 그때 창간을 했다. 고민 끝에 이상직은 그 돈으로 주주에 참여했다.

## 일벌레로 살았던 펀드매니저 시절

대학을 졸업한 이상직은 현대그룹에 입사했다. 당시 증권 시장이 호황을 이루면서 의사보다 펀드매니저가 인기 있던 시절이었다. 현대그룹에 입사한 동기 2,000명 가운데 20명만 현대증권에 배치됐는데 그도 그 중의 1명이었다.

대학시절 부자였던 선배가 가난한 사람은 다 이유가 있다고 말해 분노했던 이상직은 현대증권 입사 후 오로지 일에만 매달렸다. 재야의 투자 고수를 찾아가 실전을 배웠고, 밤에는 증권 관련 책을 읽었다. 덕분에 증권협회 교육 성적 1등을 차지했고 신설 점포를 전국 1등 점포로 만들어 화제가 되었다.

펀드매니저로 잘나가던 이상직은 10년 만에 엄청난 패배감을 느끼

비행기 1대로 항공 사업에 뛰어들었던 이상직 회장

게 되었다. 철저한 기업분석을 통해 코스닥에 상장되기 직전의 기업 10곳에 투자했는데, 2곳을 제외한 나머지 회사들이 망한 것이다. 알고 보니 회사 경영진들이 투자를 받고 흥청망청 돈을 다 써버린 것이다. 이상직은 아무리 회사가 좋더라도 경영진이 무능하고 도덕적으로 해이하면

방법이 없다는 사실을 깨닫고 펀드매니저 생활에 회의를 느꼈다. 좋은 회사를 직접 만들고 싶다는 생각에 회사를 그만뒀다. 그의 나이 39살이었다.

## 중소기업 경영자가 되다

이상직은 2001년 금융가에서 잘나가는 고향 선배들과 함께 회사를 만들었다. 그때 그를 눈여겨보던 중견 제조업체 KIC의 회장이 40년 된 회사의 간판을 내리지 말고 경영을 직접 맡아달라는 인수 제안을 했다. 이때부터 이상직은 중소기업 경영자의 길로 들어섰다.

이상직이 본격적으로 경영을 맡으면서 매출액 300억 원 정도였던 회사는 삼양감속기, 동명통산, 성림 등 10개 회사로 커졌고, 제조업에서만 10배나 성장한 3,000억 원 매출액에 200억 원의 순익을 거뒀다.

중소기업 경영은 이상직에게 새로운 숙제를 안겨주었다. 계열사 가운데 국내 완성차업계에 30년째 자동차 고무부품을 생산 납품하는 제조회사가 있었다. 그런데 아무리 품질을 향상시켜도 매년 회사의 영업이익은 마이너스거나 아주 저조한 실적이 되풀이됐다. 대기업들이 납품협력업체들에게 일방적으로 납품단가를 낮추거나, 납품 물량을 줄였기 때문이다. 이상직은 대기업 하청구조에 변화가 없으면 중소기업이 성장하기 힘들다고 생각하였고, 훗날 정치를 꿈꾸게 되는 이유가 되었다.

## 항공업계 암흑기에 항공사를 차리다

전국적으로 저비용항공사가 우후죽순으로 생겨나면서 전라북도에서도 새만금 개발에 대비한 항공사 설립 움직임이 일었다. 이상직은 중국이나 동남아 시장을 볼 때 20년 뒤에 항공기 시장이 폭발적으로 성장할 것으로 예상했다.

하지만 항공사 출범 시기였던 2008년은 항공업계의 암흑기나 다름없었다. 글로벌 금융위기가 닥치자 기존 저비용항공사였던 한성항공과 영남에어는 문을 닫았다. 고유가에 이어 고환율과 실물경기 침체 등으로 전 세계 항공업계가 이중, 삼중고를 겪고 있던 시절이었다.

주변에 있는 열에 아홉은 그를 말렸지만, 이상직의 결심은 굳건했다. 그는 가장 성공한 저비용항공사들을 벤치마킹하고 실패한 사례를 철저히 분석해 한국 실정에 맞는 비즈니스 모델을 찾아야 한다고 생각했다.

새만금 군산 경제자유구역 지정 문제가 매듭지어지자 이상직은 새만금을 중심으로 한 물류 및 관광객 수요에 대비하여 민항 취항을 서둘렀다. 첫 번째 항공기는 보잉 737NG로 단 1건의 인명사고도 발생하지 않은 항공기로 유명했다. 이상직은 리스 비용을 줄이기 위해 중고 항공기를 구매하자는 직원들의 의견에도 비용이 더 들더라도 안전을 확보하는 것이 중요하다고 강조했다.

회사 이름인 이스타항공EASTAR JET은 동쪽을 의미한 이스트와 별을 뜻하는 스타의 합성어로 '동방(동양)의 별'이란 의미다. 성경에 나오듯 동방박사가 찾아가는 동방의 별은 예수를 찾아가는 의미와 함께 미래에 대한 꿈과 희망을 담고 있다. 이와 함께 극동에서 출발한 대한민국 항공사로 세계 시장으로 나아가겠다는 뜻도 담겨 있다.

## 1만 9,900원으로 승부를 걸다

성공하기 힘들 것이란 시선 속에 이상직은 이스타항공의 김포-제주노선 운임을 1만 9,900원으로 책정하면서 시장에 도전장을 던졌다. 이는 항공사 설립을 준비하면서 생각했던 회심의 카드였다. 2009년 1월부터 국내선 첫 취항에 나선 이스타항공은 운항 첫날 예약 서버가 다운될 정도였고 포털사이트 실시간 검색어 1위에도 올랐다. 또한 한국소비자원이 선정한 서비스만족도 1위도 기록했다.

이 같은 가격 책정은 저비용 고효율 시스템을 갖추지 않고서는 쉽지 않은 결정이었다. 이상직은 최신형 항공기가 고장률이 낮아 정비비가 절감되며 연료도 15%가량 적게 든다고 설명한다. 이와 함께 그는 효율성을 높이는 방안도 마련했다. 고객 만족을 높이기 위해 콜 센터 직원을 정규직으로 채용했다. 또 얼리버드 제도를 도입해 항공권을 일찍 구입한 사람에게 가격을 낮춰주고, 항공사는 미리 자금을 확보할 수 있도록 해서 금융비용을 줄이도록 했다.

직원 유니폼도 서울 동대문시장의 업체에 디자인과 제작을 부탁했는데, 이 업체는 나중에 씨티은행과 공기업인 한국전력까지 유니폼을 납품하는 기회를 갖게 되었다.

29만 시간 무사고 운항을 바탕으로 누적탑승객 2,200만 명을 넘어선 이스타항공은 2013년부터 청주에서 선양, 상하이, 옌지 등 7개 중국노선에 정기취항을 하면서 저비용항공사 중 가장 많은 중국노선을 운항하게 되었다. 또한 지방공항 활성화와 지역 인재 채용에도 앞장서고 있다.

### 이스타항공 EASTAR JET 10th 이스타항공

이스타항공은 대형 항공사들의 독과점을 깨고자 2007년에 설립하여 현재는 대한민국의 대표적인 저비용항공사로 자리 잡았다. 2009년 1월 김포-제주 국내노선을 시작으로 현재 일본, 동남아, 중국 등 25개 국제노선과 5개 국내노선을 운항하고 있다.

2017년 창립 10주년을 맞이하는 이스타항공은 2016년부터 해외 항공사들과의 협력을 통한 글로벌 네트워크 확대, 최신형 항공기 지속 도입, 기업공개IPO 등을 추진하고 있다.

## 테이크아웃 커피 문화를 만든 커피 왕

문창기 이디야 회장

커피왕국이라 불리는 우리나라에는 많은 커피전문점 브랜드가 있다. 스타벅스 같은 고급 커피전문점도 있고, 빽다방 같은 저가형 커피전문점도 있다. 그런데 그중에서도 많은 사람들이 편하게 찾는 곳은 이디야가 아닐까. 커피 맛도 좋고 가격도 합리적이기 때문이다. 얼마 전 커피 맛으로만 따지면 스타벅스 버금간다는 조사 결과가 나오기도 했다.

그런 이디야를 만든 사람이 바로 문창기 회장이다. 그전까지만 해도 커피전문점은 대로변 넓은 공간에 자리 잡고 있었다. 하지만 그는 해외에서는 커피를 들고 다니면서 마신다는 사실에 주목했다. 그래서 좋은 커피를 어떻게 하면 저렴하게 마시게 할 수 있을까 고민했다. 그래서 생각한 것이 임대료가 저렴한 이면도로에 필수적인 공간만으로 구성된 지금의 이디야였다. 여기에 프랜차이즈 본사와 가맹점 간에 항상 문제가 되는 로열티도 낮췄다. 문창기의 이 같은 생각은 적중했다. 특히 다른 프랜차이즈를 오래 했던 사람들에게 이디야는 운영하고 싶은 브랜드로 떠올랐다.

하지만 최근 저성장, 불경기의 악조건과 이디야의 성공을 벤치마킹한 또 다른 커피 프랜차이즈 회사가 속속 등장하며 경쟁이 심화되고 있다. 더욱이 유명 편의점들도 일제히 커피 시장을 공략하고 있다. 이에 문창기는 이디야만의 확고한 정체성인 가성비를 극대화한 제품을 선보이겠다고 선언했다. 새로운 도전에 직면한 그가 어떻게 소비자의 마음을 살피고 혁신적인 서비스를 내놓을지 기대가 크다.

## 외환위기로 은행에서 퇴출되다

문창기는 고려대학교를 졸업하고 동화은행에 입사했다. 입사한 지 10년 만인 1997년 외환위기로 동화은행은 신한은행에 합병되었다. 동화은행에서 열심히 일했기에 인수 은행에서 오라고 했지만 그는 가지 않았다. 명색이 동화은행 창립 멤버인데, 다른 은행에서 성공하기 위해 열심히 일한다는 것이 싫었다.

내 한 몸, 내 가족 먹여 살리는 건 자신 있었지만 6개월이 지나고 생활고로 어려움을 겪게 되자 한 증권사에 적을 두게 되었다. 하지만 그곳도 공채 출신을 선호했기 때문에 오래 머무르기 어렵다는 판단을 했다. 결국 동화은행과 증권사 출신 몇 명을 모아 작은 투자자문사를 차렸다.

## 사람에 정성을 다한 결과

배짱 좋게 사업을 시작한 것은 그가 어렵다고 이야기하면 많은 사람들이 도와줄 것이란 믿음과 자신감이 있었기 때문이다. 은행에 다니는 동안 문창기는 평소에 사람들에게 정성을 쏟는 것으로 유명했다. 거래처 직원이 상을 당하면 상가에서 꼬박 밤을 새웠다. 직원 결혼식이 먼 지방에서 열리더라도 빠지지 않고 참석했고, 도움을 필요로 하는 사람들에게는 인맥을 동원해 최대한 도왔다.

문창기는 만난 사람들에 대한 정보를 세세하게 기록하고 관리했다. 가령 술자리에서 아는 사람이 아내 생일 때문에 못 왔다고 하면, 그 사람과 관련된 메모에 '부인 생일'이라 적고 다음 해에 부인 생일을 축하한다며 카드 한 장 보내주는 식이다. 누군가와 이야기하다 "내 아들 영식이가 말이야"라는 말이 나오면 아들 이름까지 노트에 꼼꼼히 적었다. 노트 1권에는 100명 정도가 들어가는데, 그런 노트가 6권에 달했다.

문창기가 증권사에 다닐 때, 돈을 모으는 역할을 맡게 되었다. 그때 그동안 이렇게 인연을 맺어왔던 사람들이 그를 찾아와 도와주면서 예치금이 4,000억 원이나 모여 주위를 깜짝 놀라게 하기도 했다.

## 이디야를 만나다

2004년 투자자문사를 하던 그에게 평소 알고 지내던 사업가가 찾아왔다. 사업에 몰두하느라 뒷전이었던 건강을 되찾고 가족과 더 많은 시

합리적인 계약으로 가맹점주의 마음을 사로잡은 문창기 회장

간을 보내고 싶다며 2001년 창업한 커피 프랜차이즈 회사의 매각을 의뢰했다. 그 브랜드가 바로 이디야로 당시에는 매장이 100호점도 안 되던 규모였다.

문창기의 눈에 커피는 한참 더 성장할 수 있는 시장이었다. 매장에 직접 가보니 커피 맛도 괜찮았고 점주들의 표정도 밝았다. 그는 희망을 봤다. 그는 매각을 알선하는 대신 자신이 직접 운영해보기로 결심했다. 목표는 싸고 맛있는 커피였다.

지난 2000년을 전후로 국내에 진출한 외국계 대형 커피전문점은 주로 앉아서 차나 커피를 마시는 '카페형'이 주력이었다. 전통적인 다방도 앉아서 마시는 방식은 마찬가지였다. 당연히 탁자와 의자를 놓아야 하기 때문에 넓은 공간이 필요할 수밖에 없었다.

품질 좋은 커피를 저렴하게 공급하기 위해 문창기가 선택한 전략은 테이크아웃과 이면도로였다. 해외 사례를 살펴보니 젊은이들은 주로 커다란 커피를 하루 종일 들고 다니며 마시는 테이크아웃 문화가 대세를 이루고 있었다.

그래서 대형 매장 대신 주로 49.5제곱미터(15평) 안팎의 매장에 집중하였다. 매장이 작다 보니 예쁘고 화려한 장식품을 쓸 필요가 없어 인테리어 비용이 3.3제곱미터당 30%가량 저렴했다.

이와 함께 사람들이 많이 다니는 큰길 대신 건물 뒤 이면도로에 매장을 열었다. 이렇게 하면 보증금과 임대료를 30%가량 줄일 수 있기 때문이다. 또한 가게가 작고 테이크아웃 형태로 운영하다 보니 매장 앞에 손님들이 줄을 서는 경우가 많아지면서 "이디야는 장사가 잘되네"라는 입소문이 돌기 시작했다.

## 가맹점주의 마음을 사로잡자

이디야는 무엇보다 가맹점주의 부담을 최대한 줄인 것으로 큰 호평을 받았다. 일반적으로 프랜차이즈 가맹점은 매달 수입에 따라 본사에 일정액을 로열티로 내지만, 문창기는 어떤 매장이든 로열티를 월 25만 원으로 통일했다. 매출액이 커질수록 가맹점이 가져가는 수익이 더 많아지도록 한 것이다.

이와 함께 가맹점 계약서를 작성할 때 계약서 뒷면에 영업 지역을 확실히 보장해준다는 문구를 넣었고, 각종 행사나 마케팅 비용도 이디야 본사가 전액 부담하도록 하였다. 창업하기에 부담이 없고 본사 지원이 확실하다는 소문이 돌면서, 다른 프랜차이즈 점주들 사이에서도 이디야를 오픈하는 바람이 불 정도였다. 그 덕분에 치열한 커피전문점 경쟁 속에서도 이디야는 1%대의 폐점률을 유지하고 있다.

## 커피 맛이 생명이다

문창기는 요즘 초심으로 되돌아가 맛있는 커피를 합리적인 가격에 제공한다는 이디야의 핵심 가치를 되새기고 있다. 커피 시장이 커지면서 대형 편의점들이 잇달아 1,000원짜리 커피를 내놓고 있기 때문이다. 실제로 일본은 편의점에서 본격적으로 커피를 팔면서 저가형 커피숍이 대거 사라졌다.

커피 시장이 갈수록 치열해지는 가운데 문창기는 "우린 매장은 작고 실내 장식도 화려하지 않다. 그럴수록 커피의 맛으로 승부를 걸어야 한다"라고 거듭 이야기한다. 이디야는 지난 2010년 국내 커피전문점 최초로 커피연구소를 개설했다. 이디야 커피연구소는 창립 15주년이었던 2016년 본사 1~2층에 '이디야커피랩'이란 이름으로 새로이 문을 열고 연구개발 역량을 강화하고 있다. 최근 니트로커피를 내놓으며 편의점에서 제공하기 힘든 커피로 그 영역을 넓혀가고 있다.

한국소비자원이 지난 2015년 매출액 상위 7개 커피전문점에 대해 소비자 만족도를 조사한 결과 이디야가 스타벅스와 커피빈을 제치고 1위를 차지한 것도 그 일환이다. 문창기는 미국의 스타벅스, 일본의 도토루, 캐나다의 팀홀튼처럼 대한민국을 대표할 수 있는 커피 브랜드로 이디야를 키우겠다는 각오를 다지고 있다.

이디야 EDIYA COFFEE

이디야는 2001년 중앙대점을 시작으로 2016년 커피전문점 최초로 2,000호점을 돌파했다. 2016년 기준으로 매출액 1,535억 원을 기록했다. 문창기 회장은 커피 품질 강화와 상생경영을 지속적으로 실천하고 있다.

# 컬러볼로 세계 골프 시장을 정복하다

문경안 볼빅 회장

수년 전부터 골프장이 환해졌다. 골퍼들이 사용하는 공이 화려해졌기 때문이다. 흔히 골프공 하면 하얀색이 정석이었다. 색깔 골프공은 눈이 내리는 겨울에만 어쩔 수 없이 사용하는 공일 뿐, 비거리가 안 나온다는 이유로 골퍼들에게 외면을 당했었다. 그런데 상황이 달라진 것이다. 그 변화를 이끈 이가 바로 볼빅의 문경안 회장이다.

밀짚모자가 어울리는 시골스러운 모습에 탄탄한 몸매를 지닌 그와 함께 골프를 치면 골프가 너무나 재미있다. 그가 자주 가는 정육점 식당에서 소주라도 한잔하게 되면 그의 열정적인 골프 애국론이 펼쳐진다. 한국 골퍼들이 전 세계를 좌우할 정도로 성장했지만, 정작 그 골퍼들은 해외 용품만 쓰고 있으니 안타깝다는 것이다. 그러면서 우리 골퍼들이 자신 있게 쓸 수 있는 제품을 만들어보는 것이 그의 꿈이라고 한다.

문경안은 우리 골프공에 대한 편견을 깨기 위해 골프장 캐디의 큰 오빠 노릇을 자처하며, 회식 자리에서 기꺼이 노래도 부르고 아픔도 같이 했다. 이제 그는 해외를 돌며 한국 골퍼의 대부로서 우리 골프 선수들이 제대로 활약할 수 있도록 돕기 위해 오늘도 비행기에 몸을 싣는다.

## 상사맨에서 사업가로

대학에서 세무학을 전공한 문경안은 당시 가장 인기가 많았던 선경종합상사에 취직해 10여 년간 수출입 업무를 담당하며 세계 곳곳을 누볐다. 그는 조금 더 활동적으로 일하겠다는 욕심으로 건설 회사 산하에 있는 통상 관련 자회사 총괄본부장으로 자리를 옮겼다.

그러나 위기가 찾아왔다. 모 기업인 건양건설이 망한 것이다. 하루아침에 실업자가 됐지만 무역에 밝았던 그는 41살의 나이에 철강유통업체 비엠스틸을 세웠다. 주로 철강을 수입하고 유통하는 기업이었다.

## 골프에 미쳐 볼빅을 만나다

건양통상 근무 시절 골프를 배운 문경안은 고객과의 첫 라운딩에서 100타를 훌쩍 넘게 쳤다. 고객 앞에서 얼굴이 후끈 달아오른 그는 오기가 발동했다. 다음 날 새벽부터 5시에 일어나 매일 2시간씩 연습하고 출근하는 일정을 반복했다. 틈만 나면 연습을 나간 그는 하루에 5시간씩

대한민국 골프장을 화려하게 변화시킨 문경안 회장

연습장에서 살았다.

한번 시작하면 끝을 보는 성격인 그는 1992년 골프 입문 후 8개월 만에 싱글 골퍼가 됐다. 2006년에는 신원골프장의 클럽챔피언에 올랐고, 베스트 스코어는 4언더파 68타다. 홀인원은 아직 인연이 없지만 이글은

헤아릴 수 없을 정도로 많다.

볼빅은 2000년대 초반 비스무스Bismuth 제품으로 국내 골프공 시장 점유율 9%까지 달성했던 국내의 대표 브랜드다. 2001년엔 국내 판매액만 120억 원을 넘어 골프제조업체 최초로 코스닥에 상장하는 성과를 올렸다. 하지만 잘나가던 회사는 기업들의 적대적 M&A 대상이 됐고 몇 차례 경영진이 바뀌는 등 수난을 겪었다. 급기야 2008년 11월에는 골프사업부로 재탄생하면서 20년간 운영돼온 회사는 자취를 감추게 되었다.

골프를 좋아했던 문경안은 평소에 친분이 있었던 볼빅의 사장에게 회사가 어렵다는 이야기를 듣게 됐다. 골프를 워낙 좋아하고 제조업도 해보고 싶었던 그는 그 기회에 골프공 시장을 조사했다. 생각 외로 비스무스 골프공 브랜드 인지도가 아주 높았다. 그는 마케팅만 제대로 뒷받침된다면 충분히 승산이 있다고 판단하고 볼빅 인수에 나섰다.

## 고급 브랜드로 승부하다

비스무스가 유명했던 이유는 가격이 싸기 때문이었다. 골프공 시장은 타이틀리스트, 캘러웨이, 던롭, 브리지스톤 등 외국의 유명 브랜드에 시장을 모두 잠식당했고 국산 골프공 점유율은 10%에도 못 미쳤다.

문경안은 시장 점유율을 높이려고 가격을 싸게 책정했기 때문에 볼빅의 골프공이 싸구려로 인식되고 있다고 판단했다. 품질로는 외국 유명 브랜드에 뒤질게 없다고 판단한 그는 4피스 골프공 볼빅 비스타Vista를 내놓았다. 1년여의 개발 과정과 2개월의 시장 조사, 그리고 프로 선수들의 테스트를 거친 끝에 자신감이 생긴 문경안은 유명 브랜드 골프공과 비슷한 8만 원으로 가격을 책정하고 정면 승부에 나섰다. 주위에서 국산 골프공은 비싸면 안 팔린다고 걱정했지만, 그는 "가격 싼 명품은 없다"는 말로 응수했다.

이런 문경안의 자신감에는 볼빅의 특허 기술인 코어가 있었다. 볼빅 비스타는 코어가 솔리드형이어서 때리면 때릴수록 똑바로 멀리 날아가지만, 외국 유명 브랜드의 공은 코어가 부드러운 소재로 되어 있어 외부 변수에 의해 변화가 심했다. 그는 비거리를 따지는 한국 골퍼들에게 잘만 알리면 승산이 있다고 생각했다.

## 1억 원을 드립니다

제 아무리 좋은 품질을 갖고 있더라도 사람들이 모르고 안 써주면 그만이다. 문경안은 볼빅 비스타를 어떻게 알릴까 고민하다 프로 골퍼들을 대상으로 볼빅의 골프공을 사용해 우승하면 1억 원의 보너스 상금을 주겠다고 공언했다. 선수들이 믿지 않자 대회장 입구에 1억 원의 현금 돈다발을 쌓아놓았다. 더 나아가 대회 기간에 볼빅 비스타를 사용한다고 하면 현금 50만 원과 볼빅 비스타 2박스를 지급했고, 우승자뿐 아니라 성적순으로 차등을 둬 수백만 원씩 상금을 지급했다. 또한 신청 선수가 컷을 통과하지 못하더라도 원할 경우 볼빅 비스타를 지속적으로 지원하겠다는 입장을 밝혔다.

비록 우승자는 나오지 않았지만 국내 용품업체가 거액을 들여 대회를 지원하면서 골프계에서는 볼빅 비스타에 대한 호기심이 커졌고, 이는 구매로 이어졌다.

### 캐디의 마음을 사로잡다

볼빅이 본격적으로 시장에 알려진 것은 컬러볼 때문이었다.

문경안은 해 질 녘에 라운드를 했을 때 볼이 잘 보이지 않아서 고생했던 경험이 있었다. 그때 컬러볼을 만들자고 결심했는데 이를 실천에 옮겼다. 예전에는 흰 공에 색깔만 칠해 공의 반발력이 떨어졌지만, 연구개발을 통해 기술적으로 반발력에 전혀 문제가 없도록 개발했다. 문제는 골퍼들 사이에서 컬러볼은 공이 제대로 날아가지 않고 비거리도 짧다는 편견이 심하다는 것이었다.

컬러볼은 골프 캐디들 사이에서 인기가 높았다. 드라이버로 친 공이 페어웨이에 떨어졌을 때 누구의 공인지 모르기 때문에 캐디가 일일이 확인한 다음 카트로 돌아가 해당 골프채를 건네주는 것이 일반적이었다. 하지만 컬러볼은 카트에서도 누구의 공인지 쉽게 알 수 있기 때문에 해당 골프채를 건네기도 쉽고 게임 진행 시간도 빨라지는 장점이 있었다.

이 점에 착안한 문경안은 볼빅이 성공하려면 골프 캐디의 마음을 잡아야 한다고 생각했다. 골프 캐디들이 게임이 끝나면 저녁에 무료한 시간을 보낸다는 점을 감안해, 업무상 골프를 치러 가면 반드시 담당 캐디에게 해당 골프장 캐디들의 회식 날짜를 물어보고, 해당 날짜에 회식 장소를 찾아가 선물도 증정하고 때로는 생일잔치도 직접 열어주었다. 골프 캐디들이 시간이 남아 자기들끼리 운동이라도 할 때면 볼빅의 공을 선물하면서 직접 사용해볼 것을 권하였다.

캐디들이 직접 볼빅의 공을 사용하면서 짧은 비거리 등 컬러볼에 대한 부정적인 인식이 사라졌다. 또한 컬러볼이 게임 시간을 단축시킬 수 있다는 점을 알게 되자 그때부터 캐디들이 적극적으로 골퍼들에게 볼빅의 컬러볼을 권유하기 시작하였다.

## 세계적 골프 브랜드를 목표로

문경안은 한국 양궁의 사례를 주목하고 있다. 한국 양궁이 국제대회에서 잇달아 우승하자 이탈리아의 활이 판치던 세계 시장에서 이제는 한국 제품이 70~80%의 점유율을 기록하고 있다. 이는 볼빅이 한국 골퍼는 물론 초중고 골프 선수 100명을 적극 후원하는 이유다. 한국 선수들이 세계 시장에서 우수한 성적을 내면 자연스럽게 볼빅의 가치가 올라가 세계적인 브랜드로 성장할 수 있다는 판단이다.

이를 위해 사전 준비도 열심히 하고 있다. 볼빅 골프공에 카카오 캐릭터 이미지를 입힌 상품은 젊은 골퍼와 여성에게 인기를 끌었다. 디즈니와 제휴를 맺고 만든 캡틴 아메리카 캐릭터 골프공을 비롯해 완구업체

오로라와 제휴를 맺고 '유후와 친구들'의 캐릭터가 들어간 골프채 헤드 커버도 내놓았다. 이와 함께 점퍼, 카디건, 속옷 등 다양한 골프웨어도 내놓으면서 사업을 확장하고 있다.

## 볼빅 WINNERS' Volvik

국산 골프공 제조업체인 볼빅은 1980년에 창립해 2009년 문경안 회장에 의해 인수되면서 국내 골프 시장에 새바람을 일으켰다. 컬러볼 시장에 집중하면서 인수 직전 7억 원에 불과했던 매출액이 2015년에는 460억 원으로 성장했다. 현재 국내 시장 점유율은 28%이며 전 세계 80여 개국에 골프공을 수출하고 있다.

## 가누다 베개로 새로운 세상을 열다

유영호 티앤아이 대표

베개 하나에 수십만 원이라니, 참 기가 막힌다. 그런데 사용해봤는데 좋더라, 나도 사용하고 싶다는 소리가 요즘 자주 들린다. 그만큼 현대인들의 숙면에 대한 욕구가 강하기 때문일 것이다. 단순히 잠을 자는 도구로 인식되었던 베개가 이제는 체형을 교정하고, 숙면을 이끌어내는 첨단 과학의 산물로 탈바꿈했다.

아무도 생각하지 못한 고급 베개 시장을 만든 사람이 티앤아이의 유영호 대표다. 그의 겉모습은 동네 슈퍼마켓 사장님 스타일이다. 푸근한 모습에 목소리도 조용조용하다. 아이들이 사고를 쳐도 따뜻한 미소만 날릴 것만 같은 그런 인상이다. 이런 사람이 고등학교 때 밤마다 포장마차를 하고, 동네를 돌아다니며 찹쌀떡을 팔며, 친구들을 시켜서 군고구마를 2~3군데에서 팔아 수백만 원의 수익을 올렸다고 하니 도대체 내

숙면 중 자세 교정까지 해주는 베개를 만든 유영호 대표

눈을 의심할 지경이다. 영업은 목소리가 커야 가능하다고 생각했는데, 사람 보는 법을 한참 더 배워야 할 것 같다는 자괴감까지 준다.

유영호는 자신이 여기까지 올 수 있었던 것은 남들의 시선을 신경 쓰지 않고 나의 길을 가는 뚝심과 끈기 그리고 리더십이었다고 생각한다. 이제 그는 자신만의 창의성을 자산으로 사람들이 날아다닐 수 있는 아톰 시대를 묵묵히 준비하고 있다.

### 고등학생 회장님?

평범한 학창 시절을 보내던 유영호는 고등학교 2학년 때 독서실에서 밤늦게까지 공부하고 돌아가다 우연히 찹쌀떡을 파는 아저씨를 만났다. 찹쌀떡을 팔면 돈을 얼마나 벌 수 있나 하는 호기심에 그는 아저씨를 쫓아다니며 찹쌀떡 판매에 대해 물어봤다. 아저씨는 영등포시장에서 찹쌀떡을 1개에 300원을 주고 사서 사람들에게 1,000원을 받고 판다고 그에게 알려주었다.

유영호는 다음 날 아저씨가 가르쳐준 곳에서 찹쌀떡 10개를 사서 가방에 넣고 다니며 팔기 시작했다. 떨리는 목소리로 찹쌀떡을 외쳤는데, 운이 좋게도 찹쌀떡 10개를 모두 팔았다. 유영호는 공부할 때와는 사뭇 다르게 가슴이 벅차오르는 것을 느꼈다.

한번은 여느 때와 다름없이 찹쌀떡을 팔고 있는데, 포장마차를 하던 형이 그에게 와서 군대에 가게 됐다며 7만 원에 포장마차를 팔겠다는 제안을 했다. 유영호는 일단 3만 원을 주고 포장마차를 인수한 뒤 돈을 벌면 갚기로 하였다. 찹쌀떡과 달리 포장마차는 처음에는 장사가 잘 안됐다. 하지만 솜씨 좋은 친구 어머니의 음식을 안주로 팔고 당시에 가장 좋은 자리인 신길동 우신극장 육교 밑에 들어가면서 장사는 대박이 났다.

이런 사실이 소문나면서 포장마차 근처에서 군고구마 장사를 하던 형들도 유영호에게 하나둘 군고구마 통을 팔기 시작했다. 유영호는 서울 신길동 우신극장 인근에서 포장마차와 군고구마 통 3곳, 찹쌀떡 판매 등을 하는 그룹 아닌 그룹을 운영하게 되었다. 당시 학교에서 유영호의 별

명은 그룹 회장님이었다. 선생님들도 이런 사정을 알게 되자 "너는 사업할 사람이다"라며 야간 자율학습을 면제해주었다.

유영호가 매일 오후 4시쯤 학교를 마치고 장사 준비를 해놓으면, 친구들이 야간 자율학습을 마치고 왔다. 친구들에게 포장마차와 군고구마 장사를 맡기고, 유영호는 김밥과 찹쌀떡을 팔러 다녔다. 모든 장사를 마치면 새벽 3~4시경이었고 한 달 수입은 200~300만 원에 달할 정도였다.

## 용접사의 길을 걷다

고등학교 졸업 후 군대를 다녀온 유영호는 형의 유학비를 도와달라는 부모님의 부탁으로 무슨 일을 할까 고민했다. 일단 기술을 배우는 것이 좋겠다고 생각했는데, 우연찮게 용접 일이 돈이 된다는 이야기를 듣고 구로동 현대건설 직업훈련원에 들어갔다.

3개월간 용접 기술을 배운 다음, 3개월간 현장실습을 나가게 되는데 유영호는 원자력발전소에 배치되었다. 용접사의 세계에서는 원자력발전소에서 근무하는 사람을 최고 고수로 대접하는 까닭에 유영호는 운이 좋다고 뛸 듯이 기뻐했다. 하지만 고난도의 기술이 필요한 만큼 실습생에게는 정작 시험 기회조차 없었다.

고민하던 유영호는 점심을 빨리 먹고 남는 시간 30분과 업무 종료 후 30분을 이용해 공장에 널려 있는 철판을 가져다 용접 연습을 했다. 처음엔 거들떠도 보지 않던 용접사들이 한 달 정도 지나니 용접봉으로 그의 머리를 톡톡 치며 훈수를 두기 시작했고, 이를 눈여겨본 회사 총무가 그에게 시험 기회를 줬다. 유영호는 세 가지 시험을 한 번에 통과하며 정규 용접사가 됐다. 이후 그는 실습생 동기들을 데리고 연습을 시켰고 10명 이상이 용접사 시험을 통과할 수 있도록 도왔다.

용접사가 익숙해질 무렵 유영호는 운동을 하다가 다리를 다치고 말았다. 하지만 그것이 계기가 되어 밥벌이에 만족하기보다는 사업을 하고 싶다는 생각이 들었다. 그는 사표를 던지고 다시 서울로 올라왔다.

## 어버이날의 기적

장사가 아닌 사업을 하자는 의욕이 불타올랐지만, 현실은 어려웠다. 유영호는 회사 일도 배울 겸 조그만 무역 회사에 취업을 했다. 생각보다 월급이 많지 않았다. 과연 이 돈으로 가족을 책임질 수 있을지 의문이 들었다.

2001년 유영호는 아내와 단둘이 단칸방에서 호텔용품을 공급하는 티앤아이T&I를 설립했다. 회사 설립 비용은 카드론으로 마련한 1,000만 원이 전부였다.

첫 사업 아이템은 호텔에 물품을 납품하는 사업이었는데, 아내와 함께 봉고차 1대 몰고 방산시장을 오가며 종이를 매입하고 납품했다. 2년 동안 사무실도 없이 집에서 일했지만, 매년 40% 가까이 매출액이 늘었다. 사업을 시작한 지 4년 만에 사무실을 내고 사업을 확장할 수 있는 자금을 마련했다.

2006년 3월, 회사 직원 1명이 유영호에게 회사 홈페이지에서 한 가지 제품을 팔 수 있게 해달라고 부탁했다. 목 관절이 안 좋아 물리치료를 받고 있는데, 물리치료사가 개발한 베개가 너무 좋아 일반인에게 소개하고 싶다는 것이었다. 유영호는 기존 사업에 정신이 없었기 때문에 당시엔 큰 관심을 두지 않고 직원의 부탁을 들어주었다.

얼마 되지 않아 유영호는 판매실적을 보고받고 깜짝 놀랐다. 직원이 부탁한 베개의 판매량이 어버이날을 전후해 평소보다 3배나 껑충 뛰어오른 것이다. 유영호는 도대체 어떤 베개일까 하는 호기심이 생겼다. 직원을 통해 베개를 개발한 물리치료사를 직접 만날 수 있었다. 그녀는 맨손으로 치료하는 도수치료 기법을 베개에 접목시켰다고 했다. 그래서 베개가 수면 중 여러 지병들의 통증을 완화시켜 숙면을 유도하고 자세교정에도 도움을 준다는 것이었다.

## 베개 사업에 뛰어들다

유영호는 베개가 충분히 사업성이 있다고 판단하고, 물리치료사에게 연구소를 설립해줄 테니 회사에 들어와 제품을 개발해보자는 제안을 했다. 연구실이 만들어지고 디자이너와 기구설계사가 붙으면서 개발이 활기를 띠기 시작했다.

그렇게 개발한 것이 가누다냅이라는 치료용 베개로 한의원과 병원에 치료기구로 공급되었다. 그런데 병원에서 불평 아닌 불평이 들려왔다. 가누다냅이 너무 편안해서 15분만 사용하라는 지침을 어기고 사람들이 2~3시간 잠을 자버리는 바람에 오히려 목이 경직된다는 것이었다. 그러더니 자면서도 치료할 수 있는 기구를 개발해달라는 요구가 이어졌다.

유영호는 가누다냅 금형에 부드러운 폼을 넣어 테스트를 해보고 또 수정하면서 결국 베개 옆에 날개를 붙여서 자면서도 치료할 수 있는 제품을 개발하게 되었다. 도수치료 기법을 기구로 형상화한 세계 최초의 3D 입체 구조의 베개가 개발된 것이다.

희한한 베개 모습에 침구업계는 비웃었지만, 이미 7년여간의 임상 경험으로 소문났던 제품이라 2010년부터 병의원에 본격적으로 공급되었다. 또한 사용자들로부터 좋다는 입소문이 퍼지면서 2013년부터 일반 판매 시장에서도 큰 인기를 끌었다.

유영호는 사람의 삶에서 3분의 1이 잠이다 보니 잠이 건강에 많은 영향을 미친다는 사실에 주목하고, 2010년 베개연구소를 만들었다. 베개연구소는 현재 70여 건의 특허를 보유하고 있으며, 매년 5~10건의 베개와 치료보조기구 등 각종 신제품을 연구개발하고 있다. 또한 2014년부터 미국, 중국, 동남아에 수출을 시작하며 해외 시장을 개척하고 있다. 유영호는 새로운 산업과 시장을 창조한 노력을 인정받아 2016년 국가생산성대상 산업통상자원부장관 표창을 수상했다.

## 하늘을 나는 아톰을 꿈꾸다

유영호는 2016년 8월 경기도 청평에 놀러 갔다가 플라잉보드를 타는 사람들을 처음 봤다. 그는 그것을 보는 순간 앞으로는 사람들이 아톰처럼 자유롭게 날아다니는 세상이 올 것이라고 생각했다. 플라잉보드는 물을 끌어서 제트 분사하는 방식으로 물 위를 자유롭게 날아다니는 기구인데, 최근 자파타에서 개발한 플라잉보드는 제트 터빈엔진과 자이로센서, 자동제어장치 등을 접목해 2.3킬로미터까지 사람들이 타고 날아다니며 화제가 되었다.

유영호는 플라잉보드가 아직은 산업 전 단계에 머물고 있다는 점을 감안해 일단 10여 명으로 구성된 플라잉보드팀을 구성했고 세계 대회에서 잇달아 메달권에 입상했다.

유영호는 청평에 플라잉보드 전용 체험장을 만들어 각종 공연과 관련 선수를 배출하는 라이선스 사업을 준비하고 있다. 동시에 4차 산업혁명 시대에 플라잉보드가 미래산업으로 성장한다는 판단으로 이와 관련한 기술 개발에도 관심을 기울이고 있다.

## 티앤아이 KANUDA

티앤아이는 세계 최초로 맨손 도수치료 기법의 두개천골치료법CST을 접목시킨 가누다 베개를 2005년에 출시했다. 이 베개는 2011년 국내 특허, 2012년 대한물리치료사협회 신기술 인증, 2013년 미국 특허, FDA 인증, 유럽 CE 인증을 획득했다. 또한 CJ홈쇼핑에서 2013부터 4년간 완판 행진을 기록하고 있다. 티앤아이는 2016년 419억 원의 매출액을 올렸고, 이 중 230억 원은 가누다 베개의 매출액이다.

# 주차 왕이 된 노조위원장

윤형관 하이이노베이션 회장

주차장에 들어갈 때 일일이 주차 티켓을 뽑다 보면 자동차가 밀리기 일쑤다. 하지만 얼마 전부터는 자동차가 들어갈 때 자동으로 차 번호판을 인식하는 편리한 시스템이 도입됐다. 이 시스템을 일찍이 도입한 사람이 하이이노베이션 윤형관 회장이다. 그는 노조위원장 시절 일본에서 우연히 주차관리시스템을 알게 된 후 우리나라에서 가장 많은 주차장을 운영하는 주차 왕이 되었다.

윤형관의 목소리는 아주 크다. 약간 높은 톤으로 쩌렁쩌렁 울리는 그의 목소리를 들으면 저절로 흥분되고 온몸에 에너지가 충전되는 느낌을 받는다. 은행 노조위원장 출신이어서 그런지 항상 신나고 열정적이다. 좋은 사람은 무조건 세 번 이상을 만나야 한다는 것이 그의 지론이다. 그렇게 만나면 모두 친구가 될 수 있다는 것인데, 누구에게나 믿음으로 사랑을 주고 또 사랑을 받는 것도 서슴지 않는다.

윤형관은 또 적극적이다. 힘이 닿는 한 회사를 키우겠다는 의지가 강하다. 가끔 만나면 그동안 자신이 생각했던 사업 아이디어에 대한 청사진을 펼치며 필자에게 의견을 묻는다. 그런가 하면 기자로서 만난 사람들 그리고 그 사람들이 꿈꾸는 아이디어에 대해 집요하게 캐묻는다. 나의 모든 것이 빨리는 듯한 느낌이다.

## 살아남기 위해 공부했다

전라남도 보성 출신인 윤형관은 전후세대로 가난이 밥이고 반찬이었다. 가진 땅 하나 없는 상황에서 3남 2녀를 둔 부모님은 날품팔이로 생계를 유지했다.

사정이 이러니 제대로 공부하기도 힘든 상황이었다. 중학생 때 윤형관은 공무원이 되지 않으면 상고에 진학해서 은행에 취업하는 길 이외에는 먹고살 길이 없다고 판단했다. 하지만 이마저도 쉽지 않았다. 고등학교 등록금도 대줄 수 없다는 아버지 말에 장학금을 받는다는 조건으로 겨우 광주상업고등학교에 입학했다. 장학금으로 버티며 가까스로 고등학교를 졸업한 윤형관은 좋은 성적 덕분에 당시 최고 은행이었던 제일은행에 당당히 무시험 특채로 입사했다.

은행에 들어가면 모든 게 해결될 것이라고 생각했지만, 워낙 없이 서울에 올라오다 보니 밥이나 겨우 먹을 뿐 가난은 여전했다. 그래서 윤형관이 선택한 것은 숙직과 당직을 도맡아 하는 것이었다. 숙소도 해결하고 돈도 벌 수 있기 때문이었다. 15일 동안 숙직과 당직으로 그는 4만 원 정도의 수당을 받았는데, 당시 급여가 5만 원이었다는 점을 생각하면 꽤 큰돈이었다.

## 직선제 초대 노조위원장이 되다

은행에 근무하는 인력을 보면 고졸이 80%, 대졸이 20%였지만 실제 관리자로 승진하는 경우를 보면 80%가 대졸이었다. 윤형관은 숙직실에서 자고 먹는 상황에서 대학에 갈 형편도 못 되다 보니, 이렇게 해서 언제 승진을 할 수 있을까 고민이 됐다. 그러던 중 회사 선배들이 차라리 노조위원장에 출마하면 어떠냐는 조언을 했다.

그는 은행원 대부분이 고졸인 만큼 투표를 하면 자신을 찍어줄 가능성이 클 것이란 생각에 출마를 단행했다. 하지만 당시 지역차별이 심했던 상황에서 호남 출신의 고졸 후보자에게 오히려 고졸 은행원들의 반응이 더 차가웠다.

윤형관은 오기가 생겼다. 조합원 1만 1,000명을 지역별, 계층별로 모은 데이터로 개인별 호감도 및 친인척 관계까지 분석했다. 잃을 게 없다는 생각으로 조합원이 상을 당하면 한밤중에도 달려가 그 지역 조합원들과 소주잔을 기울이며 고졸 은행원의 고충을 듣고 함께 분노했다. 상대가 설득당할 때까지 끊임없이 이야기를 나누자 조금씩 조합원들의 분

주자시스템에 IT 기술을 접목해 혁신을 일으킨 윤형관 회장

위기가 달라지기 시작했다. 결국 그는 1993년 하반기에 제일은행 최초 직선제 노조위원장이 되었다.

## 사업을 꿈꾸며

윤형관은 노조위원장으로서 고졸과 대졸 은행원 간 역차별을 없애는

데 노력하는 한편, 초심을 잃지 않고 조합원 누구와도 소통할 수 있도록 최선을 다했다.

노조위원장으로 활동하면서 그는 또 다른 고민을 하게 되었다. 3년마다 노조위원장에 당선되기도 힘들고 노조위원장 출신으로 과연 임원까지 갈 수 있을까 하는 고민이었다. 특히 사측과 협상을 하면서 임원이 되더라도 그 미래가 보장되지 않는다는 사실을 알게 되었다.

그는 해외 출장을 다니면서 주차장 등 여러 가지 사업 아이템을 찾아 고민했지만 엄두가 나지 않았다. 그러던 윤형관은 1997년 초 노조위원장 임기가 끝나면서 지인들의 도움으로 3억 원 규모의 청소년 문화재단을 만들었다. 이때 문화재단 자문위원이었던 한국교통연구원 신부용 원장과 이런저런 사업 아이템을 상의했다. 그런데 때마침 서울시가 주차장 현대화 사업을 추진했다. 윤형관은 신 원장의 도움을 받아 제안서를 서울시에 제출하게 되었고, 우여곡절 끝에 서울시 주차장 현대화 사업 중 4분의 1에 달하는 강서구 등 7개 구청의 사업권을 가져오게 되었다.

## 주차장 사업 시작 그리고 위기

윤형관은 1999년 하이파킹을 설립했다. 사업 초기 4~5년은 거의 밤잠을 못 자고 매일 직원들 급여나 운영자금 조달에 급급했다. 하지만 5년이 지나면서 서울시설공단이 운영하는 주차 사업의 4분의 3을 운영할 정도로 믿음을 쌓았고 회사도 조금씩 안정을 찾아갔다.

하지만 윤형관은 안심할 수 없었다. 서울시 주차장 관리의 경우 초기 10년을 제외하면 3년마다 재입찰을 실시했기 때문이었다. 방심하는 사이 사업권을 놓칠 수도 있었다. 그는 어려운 여건 속에도 유럽의 주차 설비 시장을 주도하고 있는 스페인 회사와 기술제휴를 맺고 차별화된 기술력 확보에 주력했다. 윤형관은 주차장 입구에서 차량번호를 자동으로 판독해 티켓을 뽑지 않아도 되는 '노 티켓 노 스톱' 무인 주차관리시스템 개발에 성공했다. 이와 함께 현금과 T-머니, 교통신용카드 등 다양한 결제 방식을 호환시켜 이용자의 만족도를 높였다.

10년이 지나자 불행히도 윤형관의 예감은 맞았다. 서울시의 주차장 사업권을 가진 200여 곳이 동시에 만기를 맞아 새로운 입찰이 실시되었는데, 돈이 된다는 소문에 입찰금액이 너무 올라 한 곳도 따내기가 힘든 상황이 왔다. 150억 원 이상의 매출액이 일시에 빠지자 현금 유동성 위기가 왔다. 하지만 전 직원이 일치단결했다. 급여도 삭감하고 경비도 줄이고 사업장도 적극적으로 늘렸다. 결국 위기를 2년 만에 극복하고 재도약할 수 있는 기반을 탄탄하게 쌓았다.

## 대한민국 주차 왕의 탄생

주먹구구식으로 운영되던 주차관리시스템에 IT 기술을 접목시켰다는 평가를 받는 윤형관은 주차장 운영 관리에서 주차관리시스템 개발 및 설치, 주차장 및 전용 빌딩 건설, 주차 전문요원 파견으로 사업 영역을 현대화시켰다. 교통문화를 제대로 알기 위해 그는 대학을 마치고 동국대학교에서 불법주차규제정책에 관한 연구로 박사학위까지 취득했다.

윤형관은 하이파킹의 탄탄한 기술력을 바탕으로 여의도 IFC 빌딩, 서울스퀘어, 63빌딩, 지하 주차장 중 가장 큰 3,000대 규모인 송도센트럴파크, 5,000대 이상 동시 주차가 가능한 문학경기장 등 120곳 이상의 주차장을 운영하고 있다. 또한 킨텍스 주차관제시스템 설치, 춘천 명동 지하 주차장 인수, 부천시 공영 주차 빌딩을 건설하며 대한민국 대표 주차업체로 성장했다.

2015년 말 윤형관에게 VIG 파트너스(옛 보고펀드)가 찾아왔다. 영국, 미국 등 대부분의 선진국 주차장 사업이 수조 원 단위로 성장했다는 점에서 한국 주차장 사업은 이제 겨우 시작단계라며 투자 제안을 해온 것이다. 윤형관은 앞으로 주차장 사업이 자본력 싸움이 될 것으로 예측하고, 하이파킹의 지분 83%를 300억 원에 매각했다.

## 공항을 주목하라

현재 윤형관의 가장 큰 관심은 공항이다. 국내외 여행이 많아지며 공항에 차를 주차하기가 점차 어려워지기 때문이다. 그는 김포공항 근처에 200대를 주차할 수 있는 대형 주차장 2곳을 마련하였으며, 수년 내 1,000대 이상을 수용할 수 있는 주차 빌딩을 건설할 예정이다.

또한 그는 스튜어디스를 비롯해 공항 종사자들이 공항을 오가는 데 불편함을 느끼는 것에 착안해 인근 보유 공장 부지에 공항 근무자들을 위한 오피스텔 개발에도 나섰다. 이 오피스텔에 입주할 경우 공항을 오가는 전기차 무료 서비스를 받을 수 있어 공항 근무자의 환영을 받고 있다.

최근에는 이순신 장군이 '금신전선상유십이今臣戰船尙有十二' 장계를 올렸던 보성군 열선루 복원 사업과 더불어 보성의 명물이 녹차라는 점에 착안해 녹차 기반의 식음료 사업, 꿈의 신소재 CNT(탄소나노튜브) 기술을 접목한 각종 식품 사업 등에도 도전하고 있다.

### 하이이노베이션 HI PAR《ING

하이이노베이션은 1999년 주차장 운영관리 기업인 하이파킹에서 시작됐다. '하이이노베이션'은 높은 이상을 의미하는 '하이'와 혁신적인 생각으로 회사를 이끌자는 의미의 '이노베이션'을 결합해 만든 이름이다.

수원터미널을 비롯해 자동차 부품 및 음성인식 기능을 탑재한 LED 제품을 전문 생산하는 인성엔프라를 계열사로 두고 매출액 약 1,500억원을 기록하고 있다.

| 최윤 아프로서비스그룹 회장

| 오병환 우성건영 회장

| 배병복 원마운트 회장

| 조웅래 맥키스컴퍼니 회장

| 나상균 죠스푸드 대표

| 서대경 식객촌 대표

PART
03

# 재미있는 일 없을까?

"이 일을 하면 참 재미있겠다", "이런 서비스를 하면 사람들이 얼마나 즐거워할까"라는 생각으로 사업에 도전하는 사람들이 있다.

그들은 마치 산타클로스 같은 마음으로 사람들의 심리를 관찰하고 그것을 반영해 상품을 만든다. 이런 상품들은 너무 창의적이어서 개발하기도 어렵고, 회사 전체 구성원들의 참여를 이끌어내기도 쉽지 않다. 주변 사람들은 "편하게 돈 버는 방법도 있는데 왜 그렇게 고생하나" 하는 생각을 하지만 정작 당사자는 이 상품, 이 서비스로 즐거워할 사람들의 표정을 상상하며 밤샘 피로도 잊어버린다.

이들은 기본적으로 사람에 대한 애정이 충만하고, 성격도 장난꾸러기 아이 같다. 뭔가 재미있는 일이 없을까 항상 눈이 빛나고 사람들 일에 호기심도 많다. 누구에게나 있는 호기심이지만, 이들은 자신이 궁금한 것을 끝까지 알아봐서 실천으로 옮긴다는 점이 다르다. 돈을 떠나서 자신이 재미있어 하는 일에 매달리는 그 순간 이들의 얼굴은 환하게 빛난다.

최윤 아프로서비스그룹 회장은 재일교포 3세였기 때문에 일본에서 변변한 직장조차 얻기 힘들었다. 그러다 그는 어머니가 만들어주시던 불고기를 떠올렸다. 불고기라면 일본 사람들도 맛있게 먹을 것이라고 생각한 것이다. 결국 그는 신라관이란 음식점을 차려 크게 성공하였다. 젊은 나이에 큰돈을 번 그는 고국에 닥친 외환위기로 가난한 서민들이 돈을 못 구해 불법 사채를 쓰는 모습을 보게 된다. 그는 일본의 저

금리를 이용하면 서민들이 보다 싼 금리로 돈을 빌릴 수 있을 것이라고 생각했다. 그렇게 그는 누구보다 한국적인 마인드로 대부업 시장을 개척하면서, 이제는 저축은행까지 인수한 금융계의 다크호스로 떠올랐다.

오병환 우성건영 회장은 슈퍼마켓 배달원을 하며 돈을 벌어 군포역 앞에서 까투리 술집을 시작했다. 그러던 중 저렴한 할인마트를 열면 돈이 되겠다는 생각을 하게 된다. 그는 허름한 건물 3층에 99.9제곱미터(30평) 규모로 할인마트를 열어서 대박이 났다. 11년 동안 많은 돈을 번 그는 장사가 아닌 사업에 도전하기로 결심했다. 장사가 잘되는 가게를 구별할 줄 아는 장점을 살려 상가개발 시장에 뛰어들었다. 현재 그는 연매출액 6,000억 원 규모의 건설사를 이끌며 상가 오피스텔 시장의 신흥강자로 주목받고 있다.

배병복 원마운트 회장은 부동산 개발업계에서 이단아로 불린다. 그는 일산 호수공원 인근에 복층형 오피스텔을 우리나라에서 처음으로 개발해 회사 기틀을 세웠다. 부동산 시장이 활황이던 2000년대 초반, 대부분의 부동산 개발업자들은 아파트 개발로 막대한 돈을 벌고 있었다. 이때 그는 갑자기 스트리트형 쇼핑몰 '라페스타'를 선보였다. 일산 호수공원에 새로운 젊은이들의 거리를 만든 것이다. 그다음으로 도전한 것은 한여름에 눈을 맞으며 개썰매를 타고, 한겨울에 물놀이를 즐길 수 있는 도심형 테마파크 원마운트였다. 항상 뭔가 재미있는 일이 없을까 하며 눈을 반짝이는 그는 매번 시대를 앞서 나가 고생하지만, 그의 행보 하나하나에는 언제나 사람들의 시선이 쏠린다.

조웅래 맥키스컴퍼니 회장은 항상 사람과 사람을 이어주는 일에 관심이 많다. 전자 회사에 다니던 시절, 전화 정보서비스 시장이 열리는 것을 보고 사업을 결심했다. 밀레니엄 시대에 대한 기대와 불안이 가득하던 1999년 말 사랑하는 이에게 음악으로 마음을 전하라는 '700-5425 전화서비스'가 공전의 히트를 쳤다. 본격적인 컴퓨터 세상이 펼쳐지면서 그는 물질주의 세상에 마음을 나눌 수 있는 도구는 술이라고 판단했다. 그리고 충청권에 기반을 둔 소주 회사를 인수하게 된다. 회사 이름 맥키스도 기운이나 힘을 뜻하는 한자어 맥과 영어의 키스를 조합해 만든 것으로 사람과 사람이 만나는 것을 의미한다. 회사를 키운 그는 자신의 끼를 주체하지 못하고 대전 계족산에 맨발로 걷는 황톳길을 만들었다. 덕분에 계족산은 1년에 100만 명이 찾는 대한민국의 대표 관광지로 성장했다.

나상균 죠스푸드 대표는 회사 생활을 하며 외식업체 창업을 위한 유학을 준비했다. 그러다 시험 삼아 떡볶이집을 하기로 마음먹게 된다. 그는 이왕 하는 것 제대로 하자며 전국의 맛있는 떡볶이집 50곳을 일일이 돌았다. 레시피를 가르쳐주지 않으면 쓰레기통을 뒤져 맛의 비밀을 찾았다. 이렇게 해서 고대 앞에 떡볶이집을 열었다. 여대생들이 먹기 편하도록 떡을 조그맣게 만들고, 인테리어는 청결을 앞세워 젊은 감각으로 재단장했다. 죠스떡볶이는 순식간에 전국으로 퍼져나가 분식집의 새로운 사업 가능성을 제시하였다. 뒤이어 그는 가격만 앞세운 싸구려 김밥이 아닌 한 끼 식사로 충분한 고급 김밥집 '바르다김선생'을 열면서, 한국 음식의 세계화 가능성을 열고 있다.

서대경 식객촌 대표는 삼성그룹에서 신규 사업 발굴을 담당하다 병뚜껑에 음악 CD나 홍보문구를 삽입하는 서비스를 발견해 회사를 차리게 된다. 이후 평소 만화를 즐겨 보던 그는 베스트셀러 《식객》을 브랜드로 만들면 좋겠다고 생각했다. 가까스로 허영만 화백의 허락을 받은 그는 품질은 좋은데 브랜드가 없던 중소기업 제품에 《식객》을 붙여 편의점에서 판매를 한다. 사업은 큰 성공을 거두었다. 이를 계기로 그는 《식객》에 나온 음식점들을 한자리에 모은 신개념 푸드코트 '식객촌'을 만들었다. 최근에는 TV 인기 프로그램을 활용해 새로운 시장을 만들고 있다.

# 틈새시장을 개척한 금융계의 이단아

최윤 아프로서비스그룹 회장

"쉽고 빠른 대출, 러시앤캐시!" 대한민국에서 은행보다 유명한 러시앤캐시의 설립자가 바로 최윤 회장이다. 대부업에 대한 사회적 시선은 차갑지만, 어떤 이들은 누군가 비난을 받더라도 해야 할 서비스라고 평가하기도 한다.

최윤은 공교롭게도 재일교포 출신이다 보니, 일본계 야쿠자 자금으로 돈놀이를 한다는 소문이 퍼지면서 상당히 곤혹스러웠다. 일본에서 한국인이라 차별받고 한국에서 일본계라고 비판받으니 억울할 만도 하다. 그래서 그는 필자를 만나는 동안 내내 "나는 정말 한국인이다. 그 누구보다 한국을 사랑하니 오기로라도 잘되겠다"라고 의지를 불태웠다. 이제 그는 저축은행과 캐피탈사를 인수하고 증권사 인수도 추진할 만큼 중견 금융그룹을 이끌고 있다.

최윤의 좌우명은 "이단에서 출발하여 정통을 추구하며, 정통이 된 순간 또 다른 이단을 추구한다"이다. 평생을 경계인으로 살아오며 체득한 생존 비법이다. 그런 만큼 생명력이 강하다는 이야기인데, 이제는 한국 금융업계를 이끌며 해외 진출에 앞장서고 있으니 최윤의 성장은 지금부터 시작인 것처럼 보인다.

## 역발상으로 신라관을 열다

최윤은 일본 나고야에서 태어났다. 하지만 그는 한국인이다. 1920년경 일본으로 건너간 할아버지 세대부터 현재까지 그의 가족은 4대째 한국 국적만을 유지하고 있다.

최윤은 출신 때문에 어렸을 때부터 어차피 공직이나 기업 취직이 힘들다고 생각했다. 중학교 3학년 때부터 대학생이라고 속이고 건설현장에서 막노동을 했고, 고등학교 3학년 때는 모은 돈을 가지고 친구들과 여기저기 투자를 하기도 했다.

최윤은 대학을 졸업하자마자 한국식 불고기를 파는 식당을 시작했다. 일본인들은 한국식 불고기를 야키니쿠라고 해서 은근히 무시했는데, 아예 대놓고 '신라관'이라는 한국식 이름의 식당을 연 것이다. 신라관은 대성공을 거두면서 일본 전역에 60개의 매장을 열게 되었다. 신라관이란 이름은 그의 본적인 경상남도 고성군이 옛 신라 땅이었던 데서 착안했다고 한다.

## 고국에서 사업을 시작하다

식당 사업으로 돈을 모은 최윤은 재일교포로 여러 가지 제약이 있는 일본 대신 고국인 한국에서 사업을 하고 싶었다. 하지만 주변의 만류가 심했다. 애국심으로 한국에 투자했던 재일교포 1·2세대 대부분이 실패했기 때문이다. 최윤 역시 한국에서의 첫 도전은 실패였다. 2000년 한국에 벤처캐피탈사를 세우고 투자했다가 2001년 IT 버블이 붕괴되면서 큰 손해를 봤다.

최윤은 직접 경영하지 않은 것이 실패의 이유라고 생각했다. 단순한 돈벌이를 떠나 그 분야에서 첫 번째가 될 수 있는 산업 아이템을 고르기 시작했다. 그는 먼저 일본에서는 안착했는데 아직 한국에는 없는 아이템을 찾았다. 그리고 대부업을 떠올렸다.

당시 한국의 대부업은 사채 수준에 불과했고 개념도 제대로 정립되지 않았던 시절이었다. 최윤은 한국에서 이제 막 대부업이 산업으로 인정받는 법도 제정되는 만큼, 선진 기법을 들여오면 이 시장을 선점할 수 있겠다고 생각했다.

## 선진 대부업을 들여오다

최윤은 2002년 한국에서 대부업체 원캐싱을 세웠다. 은행과 사채 사이의 금리로 돈을 빌려줄 제도권 회사가 없었다는 점에 착안해 이쪽 시장을 집중 공략했다. 때마침 한국에서 활동하던 일본 소비자금융업체

선진 대부업으로 금융 시장을 개척한 최윤 회장

아에루AEL의 부도로 대부업체 1위였던 A&O가 매물로 나왔다.

절호의 기회라 생각한 그는 재일교포 상공인들을 설득해 A&O의 계열사 '러시앤캐시', '미즈사랑' 등 7곳을 차례로 인수했고, 이후 러시앤캐시라는 브랜드로 TV 광고를 시작하면서 1년 만에 흑자로 반전시키는 등 본격적으로 회사를 키웠다.

최윤은 대부업에 대한 사람들의 낙후된 시선을 의식해 처음에는 유명 여자 모델을 광고에 썼고, 뒤이어 '무 대리'라는 캐릭터로 친근함을 강조했다. 그는 대부업은 금융업이 아니라 서비스업이라고 생각했다. 고객 정보를 데이터베이스화하고 전산시스템을 자체 개발해 빠르고 정교한 대출심사시스템을 구축했다. 고객의 신용을 정확히 평가해 어떻게 대출하느냐가 성공의 포인트라고 판단했던 것이다.

이런 역발상으로 회사는 성장했지만, 동시에 최윤은 온갖 억측에 시달렸다. 일본계 회사라느니 야쿠자 자금을 들여와 장사를 한다는 등 여러 오해가 잇달아 나왔다. 최윤은 언론사를 비롯해 금융계 인사를 만날 때마다 "나는 재일교포 3세로 일본에서 한국 국적을 포기하지 않아 많은 설움을 받았다. 그런데 한국에서는 나를 일본계라고 무시하고 경계한다"며 억울함을 호소했다.

그는 대부업체의 경우 자금을 조달하는 데 많은 비용이 들어서 고객들의 금리를 낮추기 힘든 만큼, 회사의 규모를 키워서 조달 비용을 낮추는 방안을 추진했다.

## 편견을 딛고 도전하다

대부업에서 성공한 최윤은 제도권 금융으로의 진입을 추진했다. 이를 위해 2010년 부산저축은행을 시작으로 여러 저축은행 인수에 도전했다. 하지만 일부 저축은행은 부실이 너무 심했고, 때로는 대부업 출신이라는 편견 때문에 쉽지 않았다.

수차례 도전한 끝에 그는 2014년 7월 예나래저축은행과 예주저축은행을 인수하는 데 성공했다. 이후 최윤이 직접 대표를 맡으면서 이름을 OK저축은행으로 바꾸었다. 일본과 한국에서 받았던 차별과 설움을 반영해 '오리지널 코리안Original Korean'의 앞 글자를 딴 것이다. 태권브이를 모델로 내세워 공격적인 영업에 나섰고, 그 결과 OK저축은행은 출범 2년 만에 자산 규모 기준 업계 2위로 올라섰다.

최윤은 저축은행에 이어 캐피탈사 인수에 도전했다. 하지만 대부업에 대한 부정적인 인식으로 아주캐피탈과 동부캐피탈 인수에 번번이 실패했다. 2015년 한국시티은행의 자회사인 시티캐피탈의 우선협상대상자로 선정됐지만 이번에는 노조의 반대에 부딪혔다. 다행히 금융 당국의 설득으로 노조는 반대를 철회했고 최윤은 2016년 OK캐피탈을 세웠다. 그는 제도권 금융으로 진입하면서 대부업을 포기하기로 결정했고 이제는 증권사 인수에 도전하고 있다.

## 이제는 세계로 향한다

최윤은 중국의 개인금융 시장 수요가 증가하고 있지만 이 방면에 노하우를 가진 금융기관은 없다고 판단하고 2010년부터 중국 진출을 시작했다. 2년간의 노력 끝에 지난 2012년 천진 현지법인을 얻고, 직원의 95% 이상을 중국인으로 채용하면서 개업 2년 만에 흑자를 달성했다. 이것을 시작으로 2013년 심천, 2014년 중경까지 중국 내에 3개의 법인을 100% 출자해 설립했다.

또한 인도네시아 안다라뱅크를 사들였고 전북은행과 컨소시엄으로 캄보디아 프놈펜상업은행PPCB도 인수하는 등 중국과 동남아까지 사업을 확대했다.

## 안산에 희망을 전하기 위해

최윤은 세월호 사건으로 실의에 빠진 안산을 위해 안산을 기반으로 한 OK저축은행 러시앤캐시 프로배구단을 창단하고 과감한 투자를 했다. 그리고 이는 누구도 예상하지 못했던 창단 2년 차 신생팀의 우승으로 이어졌다. OK저축은행 러시앤캐시 프로배구단은 이듬해 2015~2016 시즌에서도 연속 우승을 차지하며 전년도 우승이 우연이 아니었음을 증명했다.

최윤은 또 OK배정장학재단을 2002년에 설립하고 해마다 학생들에게 장학금을 지원하고 있다. 2009년부터는 중국, 일본, 미국, 몽골 등지의 해외동포 학생 및 새터민 학생들을 위한 별도의 장학 사업을 진행하여 현재까지 총 5,000여 명에게 130억여 원의 장학금을 지급했다.

### 아프로서비스그룹 APRO SERVICE GROUP

아프로서비스그룹은 1999년 대부업을 기반으로 출범하여, 금융권 진입을 위해 저축은행을 인수하고 2014년에 OK저축은행을 새롭게 출범시켰다. 2017년 현재 총 자산 7조 4,000억 원이며, 18개의 계열사를 보유하고 있다. 계열사로 OK저축은행, OK캐피탈, 러시앤캐시 등이 있다.

## 동네 선술집에서 시작된 건설 신화

오병환 우성건영 회장

부동산업계에서는 요즘 우성건영이 어떤 회사냐고 묻는 사람이 많아졌다. 갑자기 혜성처럼 등장해서 마곡, 미사, 위례, 동탄 등 핵심 지역에서 잇달아 상가와 오피스텔을 분양해 완판 행진을 이어가고 있기 때문이다.

오병환 우성건영 회장은 그야말로 동네 선술집부터 시작해 특유의 성실함과 섬세함을 바탕으로 가게를 하나씩 늘려가며 매출액 6,000억 원의 중견 기업 CEO가 된 입지전적 인물이다. 깡마른 몸매의 그는 맨손으로 성공을 일군 탓인지 편법이 아닌 오로지 실력으로 승부하며, 불합리한 점에 대해서는 과감히 문제점을 제기하는 강단이 있다.

"성공에 투자하라." 상가 개발 회사치고는 드물게 회사 이미지 광고를 수년째 하고 있는 우성건영의 광고 카피다. 상가 분양에서 그치는 것이 아니라 상가에 입주한 분식집의 한 달 가스비까지 걱정하면서, 고객 모두가 부자가 되길 바란다는 의미로 오병환이 직접 만든 문구다.

## 지독한 가난에 허덕이다

충청남도 온양 출신인 오병환은 2남 3녀 중 막내로 태어났다. 농사짓는 아버지 밑에서 자란 전형적인 개구쟁이였던 그는 친구들과 놀기 좋아하는 평범한 소년이었다. 하지만 14살 때 아버지가 돌아가시고 집안 사정이 점차 안 좋아지면서 오병환의 삶에도 그늘이 지기 시작했다.

오병환은 고등학교 1학년 때 서울로 전학을 오게 됐다. 시골에서는 중상위권 학업 수준이었지만 서울에 올라오니 성적이 하위권을 맴돌았고 공부에 취미를 잃게 되었다. 어설픈 대학을 가느니 차라리 돈을 버는 것이 낫겠다 싶어 취직을 하려 했지만, 인문계 출신인 그가 갈 곳은 없었다.

가까스로 지하에 공장이 있는 회사의 전자 제품 생산직으로 취업을 했지만, 적성에 안 맞아 그만두고 슈퍼마켓 배달원으로 일하기 시작했다. 오전 9시부터 오후 9시까지 일하면서 한 달에 두 번밖에 못 쉬고 월급도 18만 원에 불과했지만, 오병환은 자기 일을 찾은 듯 열심히 일했다. 운동화가 두 달만 지나면 바닥이 헤져서 구멍이 날 정도였다. 배달을 하다 보면 간식시간을 놓치기 일쑤였는데, 돈이 아까워 우유는 사 먹지 못하고 빵으로만 허기를 달랬다.

그러다 18개월 방위로 군대에 가게 된 오병환은 복무하는 틈틈이 시간을 내서 트레일러 특수면허를 취득했다. 단 하루도 허투루 보내기가 아까워 소집해제 날부터 운전기사로 일했다. 트레일러 조수, 자재납품기사 등 돈이 되는 일은 무엇이든 마다하지 않았다. 그의 꿈은 그저 조그만 가게 하나 얻는 것뿐이었다.

## 모든 것의 시작, 까투리 선술집

24살이 되던 해 오병환은 마침내 군포역 앞에 '까투리'라는 조그만 선술집을 차렸다. 그동안 열심히 일해서 모은 종잣돈 250만 원에 둘째 누나에게 250만 원을 빌려 총 500만 원으로 차린 가게였다.

퇴근길 손님을 대상으로 꼬치구이에 생맥주를 파는 가게였는데, 본사 레시피를 응용해서 어떻게든 맛있게 음식을 만들었고, 늘 청결에 주의를 기울였다. 단골손님을 만들려고 손님을 신처럼 모셨다. 친절은 기본이었다. 이렇게 노력하다 보니 저녁 무렵이면 가게 안은 손님으로 북적였고, 그의 까투리 선술집은 개업 1년 만에 140개 체인점 가운데 매출액 1위에 올랐다.

1년 후 매장 운영이 익숙해진 오병환은 슈퍼마켓 근무 경험을 살려 국수 대리점을 시작했고, 할인마트에서 팔리는 간단한 물건을 집에서 제작하는 부업까지 세 가지 직업에 도전했다.

유일한 목표는 고객이 수익을 낼 수 있도록 하는 것이라는 오병환 회장

## 할인마트로 대박을 내다

오병환은 집에서 부업을 하면서 주부들은 물건 값이 싸고 품질이 좋으면 발품 파는 것에 시간을 아끼지 않는다는 것을 알게 되었다. 여기서 아이디어를 얻은 그는 군포시장 근처 3층에 할인마트를 오픈한다. 엘리베이터도 없는 99제곱미터(30평) 정도의 매장이었다.

주방용품과 액세서리, 화장품, 건강기능식품, 시계, 차량용품, 선물용품 등 가정에서 필요한 다양한 물건을 싸게 판매했다. 사업은 대박이었다.

3년 후 외환위기가 오자 그는 경제가 어려워지니 오히려 장사가 더 잘 되겠다고 판단하고, 때마침 경매로 나온 옆 건물 2층과 3층을 낙찰받아 사업 규모를 5배로 키웠다. 손님의 발길은 더욱더 많아졌다.

까투리 선술집 3년, 할인마트 8년, 총 11년 동안 오로지 돈만 번 오병환은 장사가 아닌 제대로 된 사업을 해야겠다는 마음을 먹었다. 그는 고민 끝에 할인마트를 접고, 3개월 동안 백수로 지내며 새로운 사업을 구상했다. 그의 나이 35살이었다.

## 금융위기가 불러온 위기

오랜 시간 장사로 뼈가 굵은 오병환은 상가를 보는 눈은 자신이 있었다. 그래서 선택한 것이 상가 개발 사업이었다. 부동산 개발 시장을 아직 잘 모르는 탓에 동업 형식으로 우성산업개발을 설립했다. 그는 2001년 시화 우성프라자 상가를 시작으로 2006년까지 크게 무리하지 않고 20여 개의 상가를 개발했다. 덕분에 회사는 안정적으로 성장했고 그는 자신감으로 충만해졌다.

하지만 2006년 동업자 1명이 부도가 나면서, 사실상 혼자서 회사를 운영하게 된 오병환은 2008년 금융위기까지 덮치면서 어려움을 겪기 시작했다. 또 다른 동업자 지분을 인수하느라 그동안 모았던 돈을 몽땅 써버린 오병환은 눈물을 머금고 자산을 매각했고, 직원 일부를 해고해야 하는 아픔을 겪었다.

이런 경우 보통은 임금이 높은 사람 즉 나이가 많은 사람을 해고하지만, 오병환은 나이가 많은 사람은 가족들의 생계를 책임져야 한다는 점을 감안해, 부양가족이 없는 젊은 직원부터 양해를 구하고 해고했다. 물론 그는 금융위기가 끝나고 회사가 정상화되자 해고했던 직원들을 다시 불러 채용했다. 참 어려운 시절이었다.

## 신도시를 휩쓴 연이은 대박 행진

금융위기 후 대형 건설사들도 보유한 토지 매각에 나섰지만, 오병환은 소비자에게 높은 수익을 줄 수 있는 입지라면 반드시 승산이 있다고 보고, 어려운 환경에서도 대규모로 조성되는 신도시와 택지개발지구를 중심으로 토지 확보에 나섰다.

2013년 아직 부동산 경기가 회복되지 않아 미분양이 발생하던 서울 마곡지구에 과감한 투자를 결정하였고 그 시점에 오피스텔 브랜드 '르보아'를 론칭하며 본격적으로 오피스텔 시장에 출사표를 던졌다. 그 후 마곡지구 '우성 르보아Ⅰ'을 30일 만에, 연이어 '우성 르보아Ⅱ'는 17일 만에 모두 판매하는 성과를 거뒀다. 특히 '우성 르보아Ⅱ'는 인근에 유명 대기업 브랜드 오피스텔이 많았지만, 9호선 전철 초역세권과 저렴한 분양가, 좋은 품질로 화제를 모았다.

마곡지구의 성공은 신호탄에 불과했다. 오병환은 2015년 초 위례신도시에 우성 트램타워와 우성 메디피아 상가 분양에 나섰는데, 준공하기도 전에 분양률 95%를 기록해 위례 지역 상가 시장을 깜짝 놀라게 하였다. 이 기세를 몰아 하남 미사지구와 동탄2신도시에서도 오피스텔 및 상가 분양에서 국내 유수의 대기업 브랜드들을 제치고 가장 먼저 완판을 했다. 그 결과 오병환은 금융위기 후 단시일에 30여 개의 상가와 오피스텔을 개발하는 성과를 올렸다.

## 내 손으로 직접 짓는다

상가 개발업체는 대부분 땅 계약금만 지불하고, 저렴한 가격에 건설업체에 공사를 맡긴 다음 상가를 분양한 뒤 또 다른 사업장으로 이동하는 것이 관례다. 하지만 오랜 시간 직접 장사를 해본 오병환의 생각은 달랐다. 상가 분양에서 그치지 않고, 입점한 김밥 가게가 장사는 잘되는지, 가스비 부담은 다른 곳보다 크지 않은지 등을 꼼꼼히 살펴야 직성이 풀렸다. 그래서 그는 건설 회사와 관리 회사까지 직접 운영하고 있다.

오병환은 "시공을 하면 좋은 건축자재를 직접 구입해 사용할 수 있고, 내가 원하는 건축물을 지을 수 있고, 자신이 지은 건축물을 작품이라 생각하는 건설인의 자부심을 느낄 수 있다"라고 건설 회사 예찬론을 펼친다.

오랜 고생 끝에 회사 매출액이 6,000억 원대를 바라볼 정도로 성장하면서, 오병환은 지난 6년간 직원들 급여를 매년 평균 10% 이상씩 인상했다.

지난 17년간 60여 건의 사업을 진행한 오병환은 앞으로도 수익형 부동산 개발에만 전념할 생각이다. 다만 그 영역은 오피스텔과 상가는 물론 호텔 분야로 확대할 계획이다. 이 과정에서 오병환의 목표는 하나다. 바로 고객이 투자해 수익을 낼 수 있는 제품을 만들어 공급하는 것이다.

## 우성건영

상가/오피스텔 전문건설기업 우성건영(주)

우성건영은 2001년 설립돼 상가와 오피스텔만을 공급하는 전문건설 기업으로 2017년 현재 7개의 계열사를 보유하고 있다.

우성건영은 2016년 기준 매출액 4,358억 원을 기록했으며, 이는 전년 대비 상승률이 170%에 달해 성공적인 사례로 관심을 모으고 있다. 2017년에는 매출액 6,000억 원을 바라보고 있다.

# 세상을 바꿔버린 괴짜 디벨로퍼

배병복 원마운트 회장

경기도 일산에 사는 사람들은 행복하다. 호수공원을 따라 만들어진 스트리트형 쇼핑몰 라페스타에서 사람들과 어울리고 가족, 친구, 연인과 함께 돔으로 덮인 쇼핑몰 웨스턴돔에서 쇼핑을 즐기며, 킨텍스 앞의 원마운트에서는 한여름에 눈을 맞고 초고층 빌딩 높이에서 미끄럼틀을 타며 물놀이를 즐긴다. 그리고 식사동에서 갖가지 조각으로 장식된 정원을 가진 아파트를 만난다.

모두 원마운트 배병복 회장의 작품이다. 그는 디벨로퍼 1세대로 일찌감치 성공했지만, 그 돈으로 더 많은 땅을 사서 아파트나 오피스텔을 짓지 않고 엉뚱한 행동을 하고 다니는 '괴짜' 디벨로퍼로 널리 알려져 있다. 한여름에 눈이 내리는 스노파크를 짓는가 하면, 거대한 체육시설로 테마파크를 만들고 거기에 아웃렛을 구성하는, 조금은 황당한 상상을 하며 본인 혼자 희희낙락이다. 꿈속에 살다 보니 24시간이 아까워 시간만 나면 전 세계를 돌아다니며 아이디어를 얻다 보니 직원들은 파김치가 되기 일쑤다. 배병복과 함께 일했다고 하면 부동산 개발업계에서 스카우트 1순위다.

그 덕분에 그는 매번 처음부터 생고생하는 삶을 되풀이하고 있다. 그럼에도 그는 즐겁다. 복층형 오피스텔, 스트리트형 쇼핑몰, 스노파크 등 하는 것마다 새로운 바람을 몰고 온 그를 대한민국 디벨로퍼의 자존심이라 불러도 과언이 아니다.

## 뱃사람을 꿈꾸던 충청도 촌놈

충청남도 서산에서 나고 자란 배병복은 바다를 보며 저 너머에는 무엇이 있을까 골똘히 생각하는 버릇이 있었다. 친구들은 망상이라고 비웃었지만, 그는 고등학교를 졸업하자마자 파도를 헤치고 바다를 호령하는 뱃사람이 되기 위해 원양어선에 올랐다. 하지만 함께 배를 탄 선원들과 마음이 맞지 않아 1년 6개월 만에 뱃사람을 포기했다.

방황하던 배병복은 27세 때 우연히 돈을 빌려 상가 건물을 짓게 됐다. 시장 조사를 통해 상가를 분양받으려는 수요를 파악한 뒤 이보다 더 적게 상가를 분양했고, 결국 사람들이 서로 잡으려고 하면서 손쉽게 상가 분양을 마쳤다.

고향과 가까운 충청남도 홍성, 대천 등지에서 건설업을 이어가던 배병

엉뚱한 아이디어로 모두를 놀라게 하는 배병복 회장

복은 1993년 신도시가 개발되고 있던 고양시를 둘러봤고, 이곳에서 사업을 해야겠다는 생각이 들었다. 그는 정발산 근처에 단독주택 10채를 지으면서 일산에서의 사업을 시작했고, 1996년 청원건설을 설립했다.

## 복층형 오피스텔로 일군 성공 그리고 위기

배병복은 일산 호수공원 근처 오피스텔 시장에 주목했다. 당시에 삼성과 나산, 청구 등 대형 건설업체들이 오피스텔 분양에 나서 잇달아 성공을 거두고 있었다. 그가 호수공원 근처의 땅을 매입하자, 주변의 많은 사람들이 대형 건설업체에 시공을 맡기고 브랜드도 이용하라고 조언했다.

하지만 배병복은 오피스텔 시장이 활황일 때 자신의 브랜드 청원을 알리고 싶었다. 너무나 큰 모험이었다. 뒤늦게 뛰어들다 보니 다른 기업들보다 땅 매입가가 다소 비싸다는 점도 부담이었다. 그는 오피스텔과 관련된 사업장과 건설 관련 법 규정을 모조리 뒤지며 아이디어 찾기에 골몰했다.

그는 층수에는 제한이 있지만 층고에는 별다른 규정이 없다는 것을 파악하고, 복층형 오피스텔을 고안했다. 즉 층고를 높여 다락방 형식으로 공간을 만든 것이다. 66제곱미터(20평)를 분양받아도 다락방으로 33제곱미터(10평) 공간을 만들면 99제곱미터(30평)를 분양받은 것이나 다름없었다. 사정이 이렇다 보니 분양가도 비싸고 브랜드도 없었지만 청약자들 사이에 금세 입소문이 돌았고, 그의 첫 브랜드 사업 '청원 레이크빌'은 순식간에 분양을 끝냈다.

자신감을 얻은 배병복은 1997년 8월 바로 옆에 2배 규모의 땅을 사 또 다른 오피스텔 사업을 추진했다. 하지만 곧바로 찾아온 외환위기로 그는 커다란 위기에 봉착했다. 불굴의 의지로 버티던 배병복은 난생처음 해외까지 나가 투자자를 모아봤지만, 결국 실패했다. 땅도 되팔고 집도 생전 처음 월세방으로 옮기는 수모를 겪었다. 배병복은 그 시절에 겸손을 배운 것이 지금의 자신을 만들었다고 회상한다.

## 스트리트형 쇼핑몰로 신화를 만들다

절치부심하던 배병복은 일산 호수공원 근처에 대규모 쇼핑몰 사업을 추진했다. 도시 계획에 따라 고층을 지을 수 없다는 고양시의 방침으로 해당 부지는 사업자를 찾지 못하고 표류하던 상황이었다. 그는 백화점식 쇼핑몰에서 벗어나 미국이나 호주, 일본에서 볼 수 있는 쇼핑의 거리로 만들자는 구상을 했다. 그리고 그곳에서 축제를 열자는 의미에서 쇼핑몰 이름을 라페스타로 지었다.

그는 1년 동안 60명이 넘는 직원들과 매일 밤샘 회의를 하고, 해외 쇼핑몰을 일일이 돌아보며 아이디어를 가다듬었다. 무엇보다 일산 호수공원으로 사람을 불러 모으기 위한 이벤트가 절실했다. 그는 젊은이들을 위한 공연을 열고 싶었지만, 매번 그 비용을 부담할 수 없다는 점을 고심하다 아예 젊은이들 사이에서 인기 있는 음악 케이블 방송인 KMTV를 쇼핑몰에 유치했다. 그다운 발상이었다. 그는 결국 2003년 일산 장항동에 2만 1,800제곱미터(약 6,600평) 규모의 쇼핑몰 라페스타를 지었다.

대한민국 첫 스트리트형 쇼핑몰 라페스타는 고양시 꽃 박람회와 맞물려 서울 북부 지역 젊은이들의 명소가 되었다. 반신반의하며 상가를 분양받았던 투자자들에게는 치솟는 권리금으로 대박을 터뜨리는 기회가 되었다. 이뿐만이 아니었다. 한국은 물론 해외에서도 부동산 디벨로퍼라면 반드시 찾아야 할 명소가 되었고, 지자체마다 문의가 쏟아졌다. 국제쇼핑센터협회ICSC에서 '국제 디자인 개발상' 우수작으로 선정되기도 했다.

부동산 디벨로퍼로서 입지를 다진 배병복은 2007년 날씨나 계절에 상관없이 쇼핑이 가능하게 하자는 아이디어를 기반으로 웨스턴돔 쇼핑몰을 만들었다. 국내 최초의 돔 구조 개방형 쇼핑몰이었다. 라페스타의 신화를 아는 투자자들은 상가를 분양받기 위해 모여들었다.

## 금융위기에 또다시 고초

잇따라 상가 개발에 성공한 배병복은 2007년 고양시 식사지구에 벽산건설과 손잡고 아파트 개발에 나섰다. 늘 새로운 모습을 보여준 그답게 아파트도 색다르게 짓고 싶었다. 그는 숲 속의 아파트를 꿈꿨다. 지상에 있는 주차장을 모두 지하로 옮기고, 사람들이 꺼리는 1층은 필로티(기둥으로 건물을 들어 올려 차나 사람이 지나갈 수 있는 공간을 만든 공법) 공간으로 만들어 녹지율을 54%로 끌어올렸다.

미국 조각가 톰 오터너스와 국내 유명 작가 6인의 실물 조형작품, 골프장에 버금가는 조경, 고양국제고등학교를 포함한 5개 학교를 직접 건설하여 최고의 학군을 만들었지만, 때마침 불어닥친 금융위기로 분양에 애를 먹었다. 그는 가만히 있을 수 없었다. 홈쇼핑 채널을 통해 직접 전세 매물을 내놓기로 마음먹었다. 결국 CJ오쇼핑에 경기 고양시 식사지구 내 위시티 블루밍의 전세 매물 200여 채를 내놓아 주위를 놀라게 하였다. 이 같은 노력에 힘입어 위시티 블루밍은 시간은 걸렸지만 서북부 최고의 명품 아파트로 자리를 잡게 되었다.

## 한여름 속 스노파크

가까스로 위기를 넘긴 배병복은 곧바로 평생 꿈에 그리던 프로젝트에 착수했다. 한겨울에 물놀이를 하고 한여름에 눈을 맞으며 개썰매를 타는 공간을 만들겠다는 것이다. 웬만한 사람들이 들으면 헛소리로 들을 법한 아이디어지만 배병복의 가슴은 뜨겁게 타올랐다. 그는 이를 위해 7년 넘게 세계 각지의 테마파크를 다니며 조사했다. 그리고 그중 한국인이 가장 좋아할 만한 테마파크로 스노파크를 점찍었다.

도심 한복판에 위치한 워터파크와 스노파크에서 1년 365일 여름과 겨울을 만끽할 수 있는 것은 물론 바로 맞붙은 쇼핑몰에서 식사와 쇼핑이 가능한 지상 최고의 놀이터가 목표였다. 일산 킨텍스 앞에 자리한 원마운트는 싸이의 〈젠틀맨〉 뮤직비디오 촬영지로 알려져 입소문을 타고 이용객이 급증했다.

## 스마트 팜을 전원주택 속으로

배병복은 요즘 새로운 꿈을 꾸고 있다. 은퇴한 이들이 전원생활을 즐기고 싶지만, 정작 귀농 귀촌을 하면 할 일이 없어 다시 도시로 올라오는 경우가 많은데, 이들을 겨냥한 특별한 프로젝트를 구상 중이다.

그가 주목한 것은 4차 산업혁명과 농촌을 연결한 스마트 팜이다. 스마트 팜은 고된 농사일 대신에 간단한 기계 조작으로 농사를 지을 수 있기 때문에 스마트 팜과 전원주택을 한꺼번에 개발하면 좋겠다고 생각한 것이다. 전원주택에 살면서 스마트 팜으로 하루 3~4시간 정도 일하면 수입도 쏠쏠하게 나와 귀농 귀촌 희망자들의 시선을 끌 것으로 생각한다.

**원마운트** onemount

원마운트는 2013년 고양시에 생긴 복합문화공간으로 세계 최초로 테마파크와 쇼핑몰을 결합한 형태다. 워터파크, 스노파크, 쇼핑몰, 회원제 스포츠클럽으로 구성되어 있다. 지하 2층~지상 9층에 연면적 16만 1,602제곱미터의 규모를 자랑하는 원마운트는 일산 킨텍스 옆에 위치해 있다.

오픈 당시 하루 방문객은 워터파크 8,000명, 스노파크 3,000명에 달했다. 현재 회원제 스포츠클럽은 2,500여 명의 회원이 가입해 있다.

# 사람들의 마음을 이어주다

조웅래 맥키스컴퍼니 회장

2000년을 앞두고 온 세상은 흥분해 있었다. 외환위기로 여전히 경제는 어려웠지만, 새로운 밀레니엄 시대를 자신이 직접 맞는다는 설렘과 컴퓨터가 오작동을 일으킬지도 모른다는 약간의 두려움이 상존했다. 이때 TV광고에 뉴밀레니엄을 앞두고 당신의 마음을 전하라는 700-5425 전화서비스 광고가 쉴 새 없이 흘러나왔다. 사람의 마음과 마음을 이어주면 언제나 성공한다는 맥키스컴퍼니 조웅래 회장의 작품이었다.

양복을 입고 조그만 벙거지 모자를 쓴 채 하얀 이빨을 드러내며 웃는 그의 모습을 보면 주변 사람들은 저절로 행복해진다. 그는 시간이 날 때마다 달린다. 2014년에 벌써 마라톤 완주를 50회 돌파했으니 앞으로 얼마나 더 뛸지 가늠이 안 된다. 그는 많은 사람들의 마음을 서로 이어줄 수 있다면 이 세상이 좀 더 따뜻해지고 사람들이 행복할 수 있다고 생각한다. 그래서 회사 이름도 잇는다는 의미의 한자 '맥脈'과 사람과 사람이 나누는 소통과 사랑, 즐거움을 나타내는 영어 '키스Kiss'를 결합시켜 맥키스로 지었다.

조웅래의 명함에 있는 공식 직함은 계족산 황톳길 작업반장이다. 그의 하루는 아침 일찍 일어나 계족산 황톳길을 맨발로 걷는 것으로 시작된다. 자기가 하고 싶은 일에 미쳐서 마음대로 사는 인생, 그것이 조웅래 스타일이다.

## 역발상을 한 샐러리맨

조웅래는 1959년 경상남도 함안에서 태어나 경북대학교 전자공학과를 졸업한 후 삼성전자와 LG전자에서 근무했다. 대기업에 근무하면서 항상 자신은 대체될 수 있는 부속품밖에 안 된다는 생각을 했다. 결국 '원격 검침 계량기'를 만드는 대구의 한 중소기업으로 자리를 옮겼다. 기술 영업 담당으로 전화국을 돌아다니며 발품을 팔던 그는 첫 사업 아이디어를 얻어 1992년 33세의 나이로 창업에 도전했다.

조웅래는 전화를 이용한 서비스 사업이 유망하다는 판단 아래, 그동안 회사를 다니며 모은 전 재산 2,000만 원을 투자해 전화로 운세를 봐주는 전화정보서비스 사업을 시작했다. 전화 회신을 확보하고 방 한쪽에 자동 응답 기계를 들여놓은 다음, 매일 전단지 한 뭉치를 들고 시내 곳곳을 돌아다니며 발품을 팔며 홍보를 했다. 다행히 고객이 늘면서 사업은 조금씩 자리를 잡아갔다.

## 뉴밀레니엄에 승부수를 던지다

조웅래는 특히 사람과 사람을 이어주는 수단에 관심을 가졌다. 사람은 언제나 외롭고 타인과의 관계 속에 완성된다고 생각한 것이다. 그 수단 중 하나로 선택한 것이 바로 음악이었다. 사업을 시작한 지 3년 만인 1995년 친구나 애인에게 음악 메시지를 선물하는 '700-5425 전화서비스'를 시작했다.

목소리나 문자처럼 직접적으로 표현하는 것이 아닌 자신의 마음을 담은 음악을 선물하는 이 서비스는 폭발적인 호응을 받았고 벨소리, 통화연결음 등으로 확대되면서 사업이 크게 성장했다.

하지만 외환위기가 닥쳤고 사업은 위기에 봉착했다. 모두가 허리띠를 졸라매고 버티기에 급급했던 시절, 그가 주목한 것은 바로 뉴밀레니엄으로 불리던 2000년이었다. 그는 과감히 승부수를 던졌다.

"지금 고백하지 않으면 1,000년이 지나갑니다. 지금 화해하지 않으면 1,000년이 넘어갑니다. 1,000년의 고백 700-5425."

조웅래가 광고 카피 그대로 1,000년이 지나가는 시점인 1999년 12월 27일부터 31일까지 단 5일 동안 광고를 트는 데 쓴 자금은 무려 100억 원이었다. 이 승부수는 멋지게 통했고 회사는 기사회생했다.

## 새로운 돌파구를 소주에서 찾다

2000년대에 들어서 벤처 붐이 불자, 유선전화를 기반으로 한 서비스

끊임없이 세상의 호기심을 자극하는 조웅래 회장

는 한계에 봉착했다. 그는 2004년 말 대전과 충청남도를 기반으로 한 소주 회사 선양을 인수해 돌파구로 삼았다. 주위에서 "뜬금없이 소주 회사?"라며 말이 많았지만 새삼스러울 것은 없었다. 그가 항상 관심을 가진 것이 사람과 사람을 이어주는 수단이었다는 점을 감안하면, 소주만큼 인간관계를 끈끈히 맺어주는 것이 없기 때문이다.

인수 상황은 좋지 못했다. 당시 선양은 본거지인 대전에서도 시장 점유율이 40%를 밑돌 정도로 지역 소비자들의 신뢰를 받지 못했다. 경상남도 함안 출신인 조웅래는 결단을 내렸다. 자신이 데리고 있는 회사 임

직원 전원을 데리고 대전으로 이사했다. 그리고 대전을 제2의 고향으로 삼고 정착했다.

회사 인수 후 주력 제품은 기존 소주보다 산소를 3배 더 넣은 소주 'O2린'이었다. 산이나 바다에서 소주를 마시면 술이 덜 취하고, 일찍 깨는 데 착안한 제품이었는데, 회사가 대전과 충청남도 소주 시장에서 확고한 위치에 올라가는 데 도움이 됐다.

그가 다음으로 관심을 가진 것은 소주에 기반을 둔 새로운 믹싱주였다. 젊은이들 사이에 인기 있는 보드카 앱솔루트는 다양한 과일주스와 섞어 마시는 것으로 유명하다. 그는 이 술과 비슷한 믹싱주 맥키스를 새롭게 출시했다. 디자인도 놓칠 수 없었다. 뉴욕 할렘 출신인 존원의 그라피티 아트를 도입했다. 새로운 스타일의 맥키스는 젊은이들의 호기심을 자극했다. 이때 조웅래는 회사 이름도 맥키스컴퍼니로 바꾸었다.

## 계족산 황톳길에 빠지다

소주 회사가 점차 안정되자 조웅래의 피가 다시 끓었다. 그가 새롭게 관심을 가진 것은 계족산의 황톳길이었다. 친구들과 산행을 하던 그는 우연찮게 한 여성이 하이힐을 신고 등산하는 것을 보게 되었다. 조웅래는 그 여성에게 신발을 벗어주고 자신은 맨발로 등산을 했다. 그런데 그때는 다리가 무척 아팠지만 다음 날 아침 상쾌하고 기분이 좋아진 느낌을 받았다. 이때부터 그는 맨발의 매력에 빠졌다.

한번 빠지면 끝장을 보는 그의 성격이 여기서 또다시 발휘됐다. 그는 맨발로 걷는 데 가장 좋은 것은 황토라고 생각하고, 사재를 털어 가까운 계족산에 14.5킬로미터의 황톳길을 조성했다. 맨 처음 덤프트럭 100대 분량의 황토를 쏟아부었지만 비가 오자 휩쓸려 나갔고, 그만큼 다시 황토를 깔면서 황톳길에 100억 원 가까운 돈을 투자했다.

조웅래는 2006년부터 계족산 황톳길에서 맨발 마라톤 대회와 맨발 걷기 대회를 열었다. 황토를 밟는 느낌에 매료당한 많은 사람들 그리고 외국인들 사이에 소문이 나면서 계족산 황톳길을 찾는 사람들이 기하급수적으로 늘어났다. 주말이면 황톳길에서 근사한 정장을 입고 맨발로 서서 진행하는 '뻔뻔fun fun'한 클래식 공연이 열려 전국적인 화제를 모으기도 했다.

이제 계족산 황톳길은 매주 전국에서 4만~5만 명이 방문하는 맨발 걷기의 명소가 됐다. 계족산 황톳길은 한국관광공사가 선정한 '한국인이 꼭 가봐야 할 한국관광 100선', 여행 전문기자가 꼽은 '다시 찾고 싶은 여행지 33'에 선정되었다.

## 새로운 꿈 4D 콘텐츠

조웅래의 요즘 관심은 온통 4D 콘텐츠다. 그는 대전 서구 오동 공장에 4차원 인체체험관 '더 큐브'를 건립했다. 이것은 본격적인 체험관 건립에 앞서 시험용으로 만든 것이다. 오동 공장 소나무 숲에 있는 이 인체체험관은 100제곱미터(약 30평) 규모의 건물로 약 7억 원이 투입됐다. 정자와 난자가 만나 새로운 생명이 잉태되는 과정을 4D 영상과 시뮬레이터 의자로 알려준다.

한 걸음 더 나아가 그는 서울 현대시티아울렛 동대문점에 4차원 체험관을 준비 중이다. 고흐의 〈별 헤는 밤〉이란 그림을 본 적 있는가. 그의 구상은 〈별 헤는 밤〉 안으로 사람들이 직접 들어가 그림 속에서 밤하늘의 별을 볼 수 있도록 하는 것이다. 이것은 가상현실VR을 통해 직접 사물을 느끼고 사람과 대화까지 할 수 있는 4차 산업혁명을 현실화한 사업이다. 맥키스의 예에서 보듯이 조웅래는 주류 회사라고 술만 파는 것이 아닌 국내외 관광객 유치는 물론 장기적으로 해외 진출까지 염두에 두고 있다.

### 맥키스컴퍼니

맥키스컴퍼니

맥키스컴퍼니는 대전, 충청남도에 연고를 둔 소주 회사로 'O2린'이 대표 소주다. 1973년 금관주조로 시작하여 선양을 거쳐 2013년에 맥키스컴퍼니로 사명을 변경했다.

2014년 576억 원, 2015년 603억 원에 이어 2016년에는 605억 원의 매출액을 기록했다.

# 분식집으로 재벌을 꿈꾸다

**나상균 죠스푸드 대표**

학교 앞 허름한 분식집이나 사람 많은 시장통에서 팔던 떡볶이는 먼지가 풀풀 날리는 데서 먹어도 너무 맛있었다. 그런 떡볶이가 마치 맥도날드나 서브웨이를 연상시키는 깔끔한 디자인에 죠스떡볶이라는 희한한 이름으로 사람들 앞에 등장했다. “어라, 이 정도면 다른 나라에서도 먹히겠는데”라는 생각과 함께 외국인 친구에게도 한국의 맛을 자연스럽게 맛보게 할 공간이 생겼다는 사실이 반가웠다.

우리의 길거리 음식을 선진국형 패스트푸드 수준으로 끌어올린 사람이 죠스푸드 나상균 대표다. 동그랗고 포동포동한 얼굴의 그는 유학사금이나 벌려고 했던 부업이 멋지게 성공하면서 자신의 천직을 찾게 되었다. 처음 시작했던 사업이어서 좌충우돌했던 나상균은 최근 푸드트럭으로 대표되는 청년 창업을 응원하며 그들을 도울 길을 찾고 있다.

요즘 나상균은 죠스떡볶이와 바르다김선생을 결합한 복합 매장으로 미국에 진출하는 방안을 마련하느라 바쁘다. 그가 생각하는 롤 모델은 미국 최대의 캐주얼 중식 '판다 익스프레스'다. 한식 한류라며 거창하게 접근하기보다는 누구나 손쉽게 먹을 수 있는 친근한 브랜드가 되는 것이 목표다.

## 180도 바뀐 회사원 인생

나상균은 평범한 회사원 출신이다. 제약 회사 영업·마케팅 부서에서 일했던 그가 분식집을 차리게 된 것은 유학이 계기가 됐다. 그는 외식업체를 창업하기 위해 미국 뉴욕의 유명 요리학교인 CIAThe Culinary Institute of America에 유학을 가기로 결심했다. 문제는 유학자금이었다. 안암동 고려대학교 앞에서 친구들과 모임이 있었는데, 거기서 손님이 북적이는 떡볶이집을 발견했다. 직접 떡볶이를 먹어보니 맛은 있는데, 가게가 불결하고 서비스도 엉망이었다.

나상균은 자연스럽게 이 동네에 맛과 위생, 서비스를 차별화한 떡볶이집을 차리면 승산이 있겠다고 생각했다. 고대생의 온라인 커뮤니티인 고파스에 들어가 보니 비슷한 생각을 가진 학생들이 많았다. 그는 떡볶이집이라면 맛을 내는 데 그리 어렵지 않고, 창업하는 데 돈도 얼마 안 들 것 같다는 판단이 들었다.

나상균은 회사 일이 끝나면 동네에서 맛있다고 소문난 떡볶이집 순례

길거리 음식을 선진국형 패스트푸드로 변화시킨 나상균 대표

를 시작했다. 주말에는 전국을 돌며 유명한 떡볶이집 50여 곳에 가서 직접 먹어보고 인테리어도 살펴봤다. 피곤했지만 어떤 메뉴로 승부를 걸까 고민하다 보면 하루가 금방 지나갔다.

나상균은 2007년 9월 안암동 먹자골목의 서점 안에 23제곱미터(약 7평) 규모의 자리를 얻었다. 창업 비용을 줄이기 위해 집기 구매와 매장 공사는 직접 발로 뛰었다. 공구 한 세트를 빌려 실내 인테리어부터 간판 글씨 디자인까지 직접 작업했다.

## 20대 여성, 매운맛으로 승부하다

가장 고민한 것은 과연 어떤 맛으로 승부하느냐는 것이었다. 그는 맛있는 떡볶이 레시피를 알아내기 위해 전국의 떡볶이 맛집을 돌아다녔다. 맛이 특이하다 싶으면 그 비법을 찾으려고 쓰레기통까지 뒤져서 재료에 혀를 대보고 냄새를 맡았다. 지저분하다는 생각도 잊었다.

떡볶이 맛집의 비밀을 캐기 위해 식자재 사장을 만날 때까지 잠복했던 적도 있다. 컵라면으로 끼니를 때우고 화장실도 교대로 갔다 오면서 3일간 기다려 사장을 만났지만, 결국 핵심 비밀을 알아내는 데는 실패했다.

이런 과정에서 나상균은 모두가 좋아하는 떡볶이는 승산이 없다고 판단했다. 떡볶이를 좋아하는 20~30대 여성을 타깃으로 이들이 좋아하는 깔끔하고 매운맛을 제공하기로 결심했다.

그는 떡볶이를 먹는 여성들이 입가에 떡볶이 소스가 묻거나 립스틱이 지워질 것을 염려해 떡을 잘라서 먹는다는 것을 발견했다. 여기서 착안해 죠스떡볶이의 떡 길이는 다른 곳보다 작은 3.5센티미터로 조그맣게 만들어 여성들이 마음 편히 즐길 수 있도록 하였다.

그는 떡볶이를 요리하는 철판에도 변화를 주었다. 크게 만들어진 기존의 떡볶이 철판은 떡볶이가 부족하면 남은 떡볶이를 철판 한쪽에 밀어두고 빈 공간에 새로 꺼낸 떡을 넣고 고추장을 풀어 다시 떡볶이를 만드는 방식이었다. 소비자 입장에서는 기존의 오래된 양념과 섞이는 셈이어서 불결하고 오래된 느낌을 받을 수 있었다. 나상균은 철판을 조그맣게 여러 개 만들었다. 첫 번째 떡볶이 철판을 사용하고 나면 이를 재활용하는 것이 아니라 또 다른 철판으로 새롭게 요리해 깨끗하고 위생적인 요리가 가능하도록 하였다.

## 장사에 깊이를 더하다

제약 회사 영업사원과 떡볶이집 사장을 함께하던 생활은 불과 8개월 만에 끝났다. 23제곱미터짜리 구멍가게에서 하루에 떡볶이 200만 원어치를 팔 정도로 대박이 난 것이다. 화장실에 갈 틈도 없었다. 젊은 여성들을 중심으로 소문이 퍼지자 가맹점을 내고 싶다는 사람들이 쉴 새 없이 찾아왔다.

선불리 매장 확대에 나서기보다는 연구에 집중하던 나상균은 창업 1년 6개월 만인 2009년 3월 서울 압구정동에 가맹 1호점을 열었다. 먼저 매운 떡볶이를 앞세워 수제튀김과 찹쌀순대, 부산어묵 등을 주력 메뉴로 정했다. 떡볶이 재료는 재래 방식으로 당일 생산한 쌀떡을 사용하고 순대는 야채에 땅콩, 아몬드까지 들어간 재료를 쓰기로 했다. 오뚜기, CJ 제일제당 등 대기업을 찾아가 전용 튀김유와 튀김가루도 만들어냈다.

장사를 처음 시작할 때 직접 인테리어를 했던 나상균은 20~30대를 겨냥한 인테리어 개발에도 공을 들였다. 레드, 그린, 화이트를 사용해 깔끔한 분위기를 살렸다. 관리 인력도 영업사원보다 2배 더 뽑았다. 그는 이왕 프랜차이즈 사업을 하기로 한 만큼 떡볶이집도 맥도날드처럼 브랜드 인지도를 쌓겠다고 마음을 먹었다.

## 떡볶이에서 김밥으로

죠스떡볶이가 성장 가도를 달리면서 나상균은 떡볶이에 이어 김밥으로 시선을 돌렸다. 그는 제약 회사 영업사원 시절 식사 대용으로 김밥을 자주 사 먹었는데, 찐쌀 특유의 퀴퀴한 냄새에 늘 불만이 많았다. 하지만 1,000원 김밥이 워낙 히트를 치면서 김밥집들이 맛보다는 가격 낮추기에만 집착했다. 나상균은 가격이 비싸더라도 소풍 갔을 때 먹던 엄마가 싸준 김밥의 맛을 재현하자고 결심했다.

나상균은 먼저 탄수화물 섭취를 줄이는 트렌드에 맞춰 밥은 줄이고 야채를 많이 넣었다. 김밥의 주재료인 김, 단무지, 계란, 햄, 쌀 등 식재료도 과감히 고급화했다. 단무지의 경우 풀무원과 협의해 색소와 사카린, 빙초산, 방부제, MSG 등 다섯 가지 첨가물을 없앴고, 참기름은 54년간 3대를 이어온 울산의 한 방앗간에서 납품받았다.

그리고 학생들이 김밥을 주로 먹는다는 점을 감안해 학교 안에서 아이들이 바르게 크도록 노력하는 깐깐한 선생님의 이미지를 담아 '바르다김선생'이란 브랜드로 프리미엄 김밥을 출시하였다. 일반 김밥보다 2배나 높은 가격 때문에 처음에는 백화점 등에만 입점했지만, 엄마들 사이에서 아이에게 믿고 먹일 수 있는 김밥이란 소문이 나자 가맹점이 늘기 시작했다.

나상균의 좌우명은 초지일관이다. 맨 처음 떡볶이 장사를 시작한다고 했을 때 주위 사람 모두가 반대했지만 자신이 판단한 것을 믿고 그대로 추진했다. 그는 사업의 속도와 크기에 신경 쓰지 말고 자신이 본 가능성에만 일관되게 집중하면 좋은 결과가 있을 것이라고 강조한다.

죠스푸드가 성공가도만 달린 것으로 흔히 알려졌지만, 나상균은 작은 사무실과 트럭 1대만 있던 시절, 직원들에게 월급을 주기 위해 배추 장사를 하기도 했다. 새벽에 청과물 시장에서 트럭 한가득 배추를 떼다가 팔면 22만 원의 수익이 남았다고 한다. 직원들 몰래 하던 배추 장사는 손톱에 남은 배추 장사 흔적 때문에 들통이 났다. 손톱에 흙이 들어간 것을 보고 직원들이 눈치를 채기 시작한 것이다.

나상균은 죠스푸드를 풀무원, 대상, 청정원, CJ처럼 식재료도 제공하고 외식 사업도 하는 종합식품 기업으로 키우겠다는 생각이다.

**죠스푸드 JAWSFOOD**

죠스푸드는 2010년에 설립되어 떡볶이 전문점 '죠스떡볶이'와 분식집 '바르다김선생'을 주축으로 하는 분식 프랜차이즈 회사다. 2016년 기준 죠스푸드는 매출액 339억 9,997만 원을 달성했다.

## 만화 속 전국 맛집을 한자리에 모으다

서대경 식객촌 대표

허영만 화백의 《식객》을 본 적이 있는가. 이 만화에 나온 전국의 맛있는 음식점에 다 가보려면 평생이 걸릴 것이다. 만약 이 맛있는 음식을 한자리에서 먹을 수 있다면 얼마나 좋을까. 그런데 그것을 가능하게 한 곳이 식객촌이다. 혹시 TV 프로그램 〈무한도전〉이나 〈1박2일〉, 〈개그콘서트〉, 〈진짜사나이〉를 본 적이 있는가. 나에게 익숙한 그 캐릭터가 담긴 우유나 과자, 건빵이 있다면 한 번쯤 손이 갈 것이다. 묘하게 사람 마음을 당기는 이런 프로젝트들이 바로 서대경 대표의 작품이다.

항상 만면에 미소를 띠며 자신 있게 행동하는 서대경은 연세대학교 대학원을 졸업하고 삼성그룹에서 근무했다. 이른바 엘리트 코스를 밟던 그는 벤처 붐이 불면서 평소의 재기발랄함을 인정받아 신사업 개발을 담당했고, 이 과정에서 인생의 변화가 시작되었다.

현재 서대경은 각 분야의 베스트에서 가장 큰 장점을 모아 시너지 마케팅을 벌이고 있다. 그는 식객촌을 방문한 외국인들이 만화 《식객》을 통해 우리 음식에 담긴 스토리에 매료당하는 모습을 보는 것이 가장 즐겁다고 한다. 이를 기반으로 한식 세계화를 추진하는 것이 서대경의 다음 목표다.

## 음악이 담긴 병뚜껑

서대경은 미국 출장길 비행기 안에서 우연히 리드락서비스에 대해 알게 되었다. 리드락이란 콜라, 커피 등 각종 음료 상품의 뚜껑Lid에 음악과 영화, 게임 등 다양한 멀티미디어 콘텐츠를 담은 미니 CD를 넣어 제공하는 서비스다. 구입한 음료를 다 마시고 뚜껑에 삽입된 CD만 빼내 사용하면 된다. 리드락서비스는 단순히 제품 판매를 넘어 콘서트 티켓 등 다양한 이벤트 프로모션이 가능하다는 장점이 있어 새로운 홍보 마케팅 채널로 각광받고 있었다.

순간적으로 돈이 되겠다고 직감한 서대경은 리드락서비스를 창안한 콘벡스그룹에 연락했다. 하지만 잘 알지도 못하는 한국인에게 사업권을 줄 이유가 없었다. 그는 이에 굴하지 않고 계속 연락을 취했고, 결국 한국을 비롯해 일본과 동남아 5개국 독점 사업권을 따냈다.

서대경은 리드락코리아라는 회사를 세운 뒤 커피 체인 탐앤탐스와 함께 이문세의 노래가 담긴 '옛사랑 아메리카노'를 비롯해 '플라이 투 더 스카이'의 노래가 담긴 뮤직빙수 등을 시장에 내놓았다. 또한 CGV 극장에서 콜라 뚜껑에 이효리, 슈퍼주니어 등의 CD를 담은 팝콘 세트를 내놓아 소비자들의 좋은 반응을 이끌어냈다. 서비스를 개시한 지 1년이 조금 넘어 서대경이 만든 리드락코리아는 무려 18배수의 가치로 코스닥 상장사에 매각되었다.

회사를 매각한 후 서대경은 플렉스플레이Flexplay라는 또 다른 사업 아이템을 찾았다. 48시간이 지나면 콘텐츠가 저절로 소멸되는 기술을 이용한 DVD 사업이었다. 저작권 보호를 위해 포장지를 뜯으면 이틀 동안만 정품 영화를 감상할 수 있는 상품이었는데, 서비스를 개시한 지 1년 만에 IPTV와 온라인 다운로드 시장이 급속도로 커지면서 서비스를 접는 아픔을 겪었다.

## 허영만 화백과의 담판

서대경은 새로운 사업 아이템을 두고 고심했다. 그러다 우연히 허영만 화백의 인기 만화 《식객》을 활용해 식품을 만들면 어떨까 하는 아이디어가 떠올랐다. 그는 《식객》이란 브랜드가 점차 혼자 사는 사람들이 많아지는 시대에 새로운 식품 브랜드로 각광받을 것으로 생각했다.

서대경은 수소문 끝에 허영만 화백을 찾아가 설득하기 시작했다. 하지만 허 화백의 반응은 시큰둥했다. "《식객》의 주제가 제철의 좋은 음식을 먹자는 것인데 이것을 가공식품으로 만들어 편의점에서 판다는 게

한식의 세계화를 꿈꾸는 서대경 대표

마음에 좀 걸리네요. 미안합니다." 그의 답변이었다. 마지막 만남을 앞둔 하루 전날 서대경은 주인공 성찬이가 위기 상황을 어떻게 극복하는지 다시 한 번 보라는 아내의 조언에 따라 만화 《식객》 27권을 모조리 꺼내 다시 보았다.

다음 날 서대경은 허 화백과 만나 두 가지 내용을 강조했다. 《식객》이 지금 당장 사업으로 진행되어야 하는 이유를 '식'이라는 측면과 '업'이라는 관점에서 설명했다. 음식은 만인 앞에 공평하며 모든 사람들이 마트나 편의점 등 여러 유통 채널을 통해 다양한 음식을 구하거나 먹을 수 있어야 하는데 이왕이면 만화 《식객》이란 브랜드로 더 좋은 음식을 제공하는 것이 좋지 않겠냐는 것이 '식'이라는 측면이었고, 이미 만화 연재가 끝나 앞으로 잊히기만을 기다리고 있는 콘텐츠에 새로운 생명력을 담아 오랫동안 사람들에게 사랑받는 브랜드로 만들어야 한다는 것이 '업'의 관점이었다. 결국 허 화백은 계약서를 보지도 않고 도장을 찍었다.

만화 《식객》의 브랜드 사용권을 따낸 서대경은 본인이 음식 상품에 전혀 경험이 없는 점을 감안해 나이키처럼 철저히 상표와 생산자를 분리하는 OEM 전략을 썼다. 즉 LG아워홈, 풀무원, 진주햄, 팔도 등 각 상품별 최고의 제조사와 OEM 계약을 맺어 가공식품을 만들고 이를 편의점, 마트 등에서 판매한 것이다.

2011년부터 《식객》을 브랜드로 사용한 삼각김밥, 만두, 족발, 도시락 등이 GS25를 통해 판매됐고 매출액은 급상승하였다. 이후 혼밥족들을 위해 갈비탕, 육개장 등 40~50개 HMR 제품이 출시되었다. 특히 '식객

오모리 김치찌개라면'의 경우 출시하자마자 30년간 라면업계에서 부동의 1위를 구사하던 신라면을 꺾고 GS25 판매 1위의 라면으로 등극하게 되었다.

## 친숙한 브랜드로 날개를 달다

만화《식객》을 이용한 제품 개발에 성공한 서대경은 이번에는 TV 프로그램과 접목시킨 제품을 출시했다. MBC 〈진짜사나이〉의 브랜드를 빌려 햄버거와 전투식량, 건빵 등을 내놓았다. KBS 〈개그콘서트〉를 활용한 개콘 우유는 딸기, 커피, 바나나, 초코 네 가지 맛에 코너별 유행어와 대표 캐릭터 4인방의 특징을 담았다. KBS 〈1박2일〉의 브랜드를 활용한 과자는 가격은 그대로인데 중량은 20% 올린 점을 강조했다. 이렇게 나온 제품들은 같은 종류의 제품 가운데 판매량이 상위권에 랭크되며 인기를 끌었다. 또한 MBC의 간판 예능 프로그램인 〈무한도전〉 브랜드 사업권을 획득하고 '무리수'라는 물, '무도빠'라는 핫바 등을 출시하며 히트를 쳤다.

편의점에서는 친근한 프로그램 캐릭터 제품이라 손님들이 재미있어 하고, 특별하게 광고나 마케팅을 하지 않아도 손님이 번저 인터넷이나 SNS로 홍보를 하는 효과가 있다며 만족감을 표시했다.

## 전국 맛집을 한자리에

서대경은 어느 날 일본에는 라면 가게 또는 어묵 가게만 모여서 하나의 거리를 만들고 각종 시너지 효과를 올린다는 사실에 주목했다. 그는 만화《식객》에 나온 식당을 한곳에 모아 식객촌을 만들어야겠다는 생각을 하였다. 그렇게 되면 오두산 메밀가를 먹기 위해 파주를 가야 하고 비빔밥을 맛보기 위해 전주를 가야 하는 불편함을 해소하는 것은 물론 그곳이 또 하나의 테마파크가 될 것이라고 판단했다.

서대경은 곧바로 밤을 새워 사업계획서를 작성했다. 허영만 화백은 "식객촌? 야, 그거 기발한 아이디어다"라며 격려해주었다. 하지만 만화 속 식당들을 한곳에 모으는 과정은 순탄치 않았다. 전국 곳곳의 맛집을 직접 찾아가 설득했지만, 식당 사장들 대부분은 "재미있는 아이디어네! 하하하. 밥이나 먹고 가소"라며 웃어넘겼다.

서대경은 포기하지 않고 6개월 동안《식객》에 실린 식당들을 설득했다. 허 화백의 도움을 받기도 하고 스무 번 넘게 끈질기게 식당을 찾아가 얼굴 도장을 찍곤 했다. 결국 수하동 곰탕, 무명식당, 오두산 메밀가, 봉우리 한정식, 벽제갈비, 부산포어묵, 전주밥차 등을 한곳에 모아 2014년 4월, 서울 종로구 청진동에 '식객촌'의 문을 열었다.

## 지금 바로 시작하라

만화《식객》의 "세상에 맛있는 음식의 수는 어머니의 수와 같다"라는 구절로 시작된 식객촌은 문을 열자마자 화제의 장소로 떠올라 개장 1년 만에 60만 명의 방문객, 110억 원의 매출액을 올렸다.

식객촌은 종로 그랑 서울 1호점을 시작으로 구로, 일산, 인천공항에 이어 여의도에 5호점을 열었다. 현재는 4명의 직원이 40여 개의 맛집을 관리하면서 연 300억 원의 매출액(취급고)을 바라보고 있다. 그는 브랜드 가치와 맛의 유지를 위해 직영점 형식으로만 운영하던 70년 전통의 수하동 곰당 등 전통 식당들이 입점한 것을 큰 자부심으로 갖고 있다.

서대경은 젊은이들에게 성공의 반대말은 도전하지 않는 것이라고 말한다. 식객촌은 누구나 생각할 수 있는 아이디어지만 자신은 이를 실천했고, 그 과정에서 포기하지 않았다는 것이다. 이제 한식 세계화를 꿈꾸는 그는 무엇인가를 하고자 한다면 지금 바로 시작하라고 강조한다.

**식객촌 食客村**

식객촌은 만화 《식객》에서 소개된 맛집들을 한데 모은 곳이다. 2014년 종각역의 종로 그랑 서울 1호점으로 시작해 구로, 일산, 인천공항, 여의도에서 문을 열었다. 현재 약 40여 개의 회사가 매출액의 일정 부분을 수수료로 내고 식객촌에 입점했다. 개장 1년 만에 60만 명 이상의 손님이 다녀갔으며 2017년 8월 6호점 오픈을 앞두고 있다.

| 박순호 세정그룹 회장

| 최병오 패션그룹형지 회장

| 강태선 블랙야크 회장

| 홍성열 마리오아울렛 회장

| 전상용 오렌지팩토리 대표

| 강덕영 한국유나이티드제약 회장

PART

04

# 장인 정신으로 최고가 되다

시대가 바뀌면서 한 가지 일에만 매달리는 것보다는 여러 가지 일과 직장을 경험하는 모습이 사람들의 눈에 뛰어난 능력으로 비춰지기도 한다. 하지만 사람들은 안다. 자신이 선택한 일에 수십 년간 매달려 그 분야의 최고봉이 된다는 것이 얼마나 어려운 일인지 말이다. 한순간 열심히 하거나 뜻밖의 행운으로 성공할 수는 있지만, 자기 분야에서 최고가 된다는 것은 수십 년간 끊임없이 변해야 가능하다.

사업이 잘된다고 조금만 방심하면 회사는 금방 부도 위기에 놓인다. 여기서 다시 일어서려면 창업 때보다 3~4배의 노력을 기울여야 한다. 사업이 잘되더라도 야심차게 투자한 분야가 큰 실패로 끝나기도 하고, 사업의 안정성을 위해 다른 사업에 눈을 돌렸다가 본 사업이 위기에 처하기도 한다.

이런 어려움 속에서 성장한 기업들의 공통점은 바로 자기만의 브랜드가 있다는 것이다. 제품을 만들어 큰 공장에 납품하기보다는 어떻게든 자기만의 브랜드를 만들기 위해 고생한 것이 또 다른 어려움에서 구원의 손길이 되는 것이다.

이번에 소개하는 이들의 대부분이 패션업계 리더란 점은 참 아이러니하다. 패션업계야말로 하루에도 수십 개의 업체가 생겨나고 망하는 변화무쌍한 세계이기 때문이다. 어쩌면 너무나 변화가 심하기 때문에 살아남기 위해 발버둥을 치느라 다른 분야에 눈을 돌릴 여력이 없었는지도 모르겠다.

국민 브랜드 인디안으로 유명한 세정그룹의 박순호 회장은 유년 시절 도매 의류상점 점원으로 취직해 일을 배우기 시작했다. 옷 만들기를 좋아했던 그는 장사를 시작했다가 어렵더라도 내 사업을 해야겠다는 마음으로 사업에 뛰어들었다. 그때 그가 만든 브랜드가 바로 전 국민에게 친숙한 인디안이다. 순조롭게 사업을 이어가던 그는 무선호출기 사업에 수십억 원을 투자했다가 외환위기로 엄청난 고통을 겪었다. 가까스로 위기를 극복한 그는 40년 브랜드 인디안을 웰메이드로 바꾸는 결단을 내리고, 자라나 유니클로 같은 글로벌 SPA 브랜드와 본격적인 경쟁에 나섰다.

크로커다일레이디, 에스콰이아 등 유명 패션 브랜드를 갖고 있는 패션그룹형지의 최병오 회장은 종로5가 광장시장에서 바지 장사부터 시작했다. 나만의 브랜드를 만들어야겠다며 옷에 크라운 왕관 마크와 순면 인증 마크, 품질 인증 마크를 붙였는데, 이것이 대박으로 이어졌다. 하지만 어음 관리에 실패하며 망해버렸다. 41살의 나이에 다시 동대문시장에서 조그만 가게를 연 그는 여성복 대부분이 20대를 중심으로 구성되고, 30대 후반부터는 50~60대 여성들의 옷을 입는다는 사실에 주목하였다. 결국 30~40대 여성을 겨냥한 크로커다일레이디를 만들면서 다시 성공 신화를 쓰기 시작했고, 에스콰이아까지 인수하며 머리에서 발끝까지 이어지는 종합패션 회사로 성장하고 있다.

아웃도어 브랜드로 유명한 블랙야크를 만든 강태선 회장은 어렸을 때부터 등산을 좋아했다. 그는 마음에 드는 배낭이 없어서 배낭을 직접 만들어 사용했는데, 이것이 좋다고 소문나면서 등산장비 사업을 시작하게 된다. 그는 정부의 국립공원 취사 금지 조치로 망할 위기까지 몰렸다가, 금강산 관광이 시작되자 여행객들 사이에 등산화와 아웃도어 열풍이 불면서 회생하게 된다. 외국 브랜드 노스페이스의 독주가 이어지는 가운데, 그는 블랙야크라는 브랜드를 만들어 수익의 대부분을 최고의 품질을 구현하는 데 투자했다. 결국 블랙야크는 한국 시장을 평정했고, 2016년에는 세계 최대 스포츠용품 박람회에서 무려 11개 부문 최고상을 수상하게 된다.

구로공단(현 가산디지털단지)을 패션타운으로 바꾼 마리오아울렛은 홍성열 회장의 작품이다. 옷에 관심이 많았던 그는 형제들에게 빌린 400만 원으로 보풀이 생기지 않는 스웨터를 만들어 인기를 끌었다. 까르뜨니트란 브랜드로 일본 백화점까지 진출한 그는 옷을 싸게 살 수 있는 아웃렛에 관심이 많았다. 외환위기로 패션업체들이 잇달아 무너지자, 이들의 재고를 판매할 곳이 필요하다고 생각한 그는 마침내 구로공단 한가운데에 마리오아울렛을 열었다. 가장 저렴한 가격으로 유명 브랜드의 제품을 구입할 수 있다는 소문이 돌자 사람들이 모여들기 시작했다. 이제 구로공단은 대한민국 대표 아웃렛 거리로 성장했다.

하얀색 건물에 커다랗게 달린 오렌지팩토리 간판은 멀리서도 눈에 확 뜨인다. 전상용 오렌지팩토리 대표는 중학교만 졸업하고 길거리에서 옷 장사를 시작했다. 조금씩 돈을 모은 그는 빈 가게를 빌려 유명 브랜드의 옷으로 땡처리 기획전을 열었는데, 때마침 외환위기가 터져 많은 돈을 벌었다. 그는 수십 년간 장사를 하면서 좋은 옷을 단번에 알아볼 수 있는 안목을 갖게 됐다. 그래서 트레드클럽 등 우수한 품질의 중소업체를 직접 인수해 값싸고 저렴한 제품을 생산하는 기업으로 재탄생시켰다. 이와 함께 도심 외곽에 단독매장을 만들어 가격을 낮췄다. 한국형 아웃렛 신화를 만들어낸 그는 최근 동남아로 사업을 확장하고 있고, 중국에서도 끊임없는 러브콜을 받고 있다.

강덕영 한국유나이티드제약 회장은 제약 회사 영업사원으로 10여 년간 일하다가 의약품 수입 도매상을 시작했다. 이후 자신의 제품을 만들자는 생각으로 제약 회사를 차리게 된다. 그는 제약 회사에서 해외 영업을 했던 경험을 살려, 해외 제약 회사에 복제약을 납품하는 분야에 집중했다. 그런데 외환위기로 달러 가치가 급등하면서 큰 이익을 얻게 된다. 그는 그 이익을 과감히 공장 증설에 사용했다. 이와 함께 구조조정으로 일자리를 잃은 실력 있는 연구원들을 대거 채용하면서 회사의 내실을 다졌다.

## 맨손으로 패션의 전설이 되다

박순호 세정그룹 회장

인디안은 어린 시절부터 동네 곳곳에서 볼 수 있었던 친숙한 브랜드다. 인디안에서 만든 옷은 한국 남성들에게 언제나 믿고 입을 수 있는 옷이었다. 가격도 적당하고 품질도 좋았기 때문이다. 그런데 항상 브랜드 로고였던 인디언 추장의 사연이 궁금했다. 다른 로고들과는 스타일이 확연히 달랐기 때문이다.

박순호 회장의 목소리는 조용하지만 단호하다. 맨손으로 시작하여 매출액 1조 원이 넘는 대기업을 일구었다는 점에서 모든 이의 칭송이 이어지지만 정작 본인은 옛이야기를 가급적 자제했다. 아마도 자신의 분신인 세정의 미래를 응원해달라는 의미일 것이다.

박순호는 유니클로나 자라 같은 SPA 브랜드가 큰 인기를 끄는 것이 조금은 언짢기도 하고 반갑기도 하다. 사실 SPA 브랜드가 걷는 길이 바로 자신이 경험하며 걸어왔던 길이기 때문이다. 그리고 여전히 큰 시장이 존재한다는 사실에 새로운 도전의식을 자극받게 된다. 그는 인디안의 정신을 계승한 웰메이드란 새로운 유통 브랜드로 세계 시장에 도전하고 있다.

## 옷에 관심 많던 소년

경상남도 함안 출신인 박순호는 5남 2녀 가운데 차남으로 태어났다. 집안이 어려웠던 그는 어린 나이에 독립하여 도매 의류상점에서 일하기 시작했다. 그는 '옷이 날개'란 표현을 가장 좋아한다. 옷을 잘 입으면 남들 앞에서 당당해지고, 기분이 좋아지기 때문이다. 박순호는 시장을 돌아다니며 가게에서 파는 옷을 만져보면서 막연히 옷에 대한 평가와 공부를 하곤 했다.

그는 공장이나 거래처에 갈 때면 편직기를 어떻게 가동하는지, 염색은 어떻게 하는지, 티셔츠 재봉은 어떻게 하는지 등을 자세히 관찰하며 무엇 하나 허투루 넘기지 않았다. 직공들이 귀찮아할 정도로 물었고, 박순호의 열정에 감동받은 직공들은 하나둘씩 기술을 설명해주었다. 그는 그렇게 낮에는 일을 배우고, 밤에는 잠을 줄여 배움에 열중하며 옷에 대한 열정을 키웠다.

품질 관리를 자신의 성공 비결로 꼽는 박순호 회장

## 인디안을 만들다

23세의 젊은 나이에 의류 도매점인 동춘상회를 연 박순호는 장사를 해보니 옷을 팔기만 해서는 돈이 안 된다는 것을 알게 되었다. 창업을 마음먹은 그는 시장에서 어떤 옷이 소비자에게 인기를 끌지 고민을 거듭했다. 결국 부산 연제구 거제동의 132제곱미터(40평) 남짓한 공간에 편직기 4대, 재봉틀 9대를 들여놓았다. 그렇게 창업을 했다.

처음 생산한 제품은 흰색 면 터틀넥 티셔츠(폴라티)였다. 그 제품 400장을 '인디안'이란 브랜드로 남대문시장에 납품하였다. 그러던 어느 날 그는 시장 조사 때문에 서울행 밤 기차를 기다리다 우연히 서점에 들르게 된다. 그때 어느 책 속에서 인디안 추장의 사진을 봤는데, 그 사진 속 추장이 맨주먹으로 의류 시장에 뛰어든 자신의 모습과 비슷하다는 생각이 들었다. 그래서 인디안을 브랜드 로고로 정했다고 한다. 박순호는 창업을 하고 밤새 옷을 만들었다. 하루 평균 3~4시간 정도 자면서 기계를 돌렸다. 여기서 살아남지 못하면 죽는다고 생각했는데 그 열정으로 사업은 번창하기 시작했다.

## 품질이 곧 생명

경쟁이 거센 패션업계에서 박순호가 살아남은 비결은 바로 품질이다. 그는 "한 번 입어보면 품질 때문에 반드시 또 찾는 브랜드로 만들고 싶었다"라고 말한다. 국내 패션 시장에는 2,000여 개의 브랜드가 있다. 매년 새롭게 탄생하는 패션 브랜드가 100여 종이고, 그중 절반은 소리 없이 사라진다. 이런 분야에서 40년간 버텨온 브랜드가 인디안이다.

인디안의 성공도 순조롭기만 한 것은 아니었다. 박순호가 사업을 시작한 이후 30여 개의 자체 패션 브랜드가 탄생했고, 시대의 흐름에 따라 일부 브랜드는 역사 속으로 사라지기도 했다. 현재는 그동안의 노하우를 기반으로 11개의 패션 브랜드를 보유하고 있다.

인디안의 티셔츠가 품질 좋은 이집트 기자면綿을 쓰거나, 해외 명품 브랜드 못지않은 고급 원단으로 옷을 만드는 것도 품질에 대한 그의 고집 때문이다.

1974년 인디안이 티셔츠를 첫 생산한 이래 31년 만인 2005년, 인디안은 국내 단일 브랜드 최초로 매출액 3,000억 원을 넘겼다. 제일모직의 빈폴보다 더 빨랐다. 인디안의 티셔츠는 세정이 집계를 시작한 2001년부터 지금까지 연간 140만 장씩 팔리고 있다.

## 위기를 기회로 바꾸다

그렇게 성공가도를 달리던 박순호는 1990년대에 무선호출기 사업 진출을 시도했다. 당시만 하더라도 무선호출기 사업이 호황을 누리던 시절이었다. 고민 끝에 세정텔레콤을 세우고 사업에 뛰어들었다. 사업권을 낙찰받고 본격적인 영업을 시작하려는데 외환위기가 닥쳤다. 무선호출기 사업자 대부분이 부도를 맞기 시작했다.

박순호는 부도로 인해 자신을 믿고 투자해준 주주들에게 피해를 줄 수 없다는 생각으로 강구책을 마련했다. 세정텔레콤을 세정의 이월 제품을 파는 할인 유통사 세정21로 전환했다.

박순호는 외환위기 당시 역발상을 통해 위기를 기회로 바꾸었다. 당시 대기업들도 하던 사업을 접고 구조조정, 축소경영을 하기에 분주했다. 그는 다른 기업들이 긴축경영을 펼칠 때 오히려 과감하게 투자했고 새로운 브랜드를 출시하며 회사를 더욱 키웠다. 그때 론칭한 브랜드가 영 캐주얼 니NII였다. 니는 3년 만에 매출액 1,000억 원의 브랜드로 우뚝 섰다.

## 인디안에서 웰메이드로 과감한 변신

한결같은 외길을 달려온 박순호에게 또 다른 도전이 시작됐다. 먼저 자라나 유니클로 같은 글로벌 SPA 브랜드로의 도전이다. 사실 이 분야야 말로 우리 기업들이 가장 잘할 수 있는 분야다. 그렇지만 세계 시장 속에서 SPA 브랜드로 승부하는 것은 하루아침에 할 수 있는 것은 아니다.

박순호는 포기할 수 없었다. 이를 위해 그는 40년을 이끌어온 인디안이라는 브랜드를 웰메이드로 과감히 바꿨다. 전국 380여 개 인디안 매장을 웰메이드란 종합 유통 브랜드 매장으로 바꾸고, 캐주얼, 정장, 아웃도어, 액세서리 등 9개 분야의 브랜드를 입점시켰다.

게다가 온라인과 오프라인을 연계한 쇼핑 플랫폼 '더훅'을 론칭하고, 오프라인 유통 중심이었던 웰메이드 입점 브랜드의 판매 활로를 온라인 및 모바일로 넓혔다.

박순호는 이제 브랜드 하나만으로 먹고사는 시대는 지난 만큼, 글로벌 시장에서 통할 수 있는 새 유통 체계를 만들 계획이다. 또한 다양한 라이프스타일에 맞춘 콘텐츠와 유통 플랫폼을 강화하여 2011년 매출액 1조 원에 이어 2020년에는 2조 원대로 세정을 성장시키겠다고 강조한다.

## 회사에 혼을 담아라

박순호는 세정의 화려한 성공을 칭송하는 목소리를 경계한다. 그는 "밖에서는 내가 패션업계에서 무난하게 성공가도를 달려왔다고 생각할지 모르나 숱한 실패에도 꺾이지 않고 이겨냈기 때문에 지금의 내가 있는 것이다"라는 말을 즐겨 한다.

창업을 준비하는 젊은이들에게는 "남들 하는 게 괜찮아 보이니까 나도 해야지 하는, '따라 하는 창업'이 많은데 그러면 망한다"고 경고한다. 본인이 정말 하고 싶은 것, 잘할 수 있는 것을 찾아서 혼까지 걸겠다는 마음으로 해야 한다는 것이다.

매년 다음 해 신상품 수백여 종의 디자인을 일일이 살펴보고, 디자인을 직접 고치면서 현역으로 일하고 있는 박순호의 자산은 두 가지다. 바로 자신의 혼을 제품에 심는다는 신념의 창업 정신과 모든 문제와 해결책은 현장에 있다는 실천의 현장경영 정신이다.

### 세정그룹 WELLMADE

FOR OUR WORK & LIFE BALANCE WITH INDIAN

1974년 부산에서 '동춘 섬유공업사'로 출발하여 1991년 '세정'으로 법인 전환했다. 현재 인디안, 브루노바피, 올리비아로렌, 센터폴 등 다수의 패션 브랜드와 패션잡화, 쥬얼리까지 10여 개의 브랜드를 보유하고 있다. 2011년에 매출액 1조 원을 돌파했다.

## 광장시장의 신화가 된 사나이

최병오 패션그룹형지 회장

지금이야 미시족이란 단어가 생길 정도로 30~40대 여성들이 빼어난 패션 감각을 자랑하지만, 그전의 패션 브랜드는 20대 여성의 옷에만 신경을 쓸 뿐, 30대가 넘으면 아줌마로 취급했다. 그래서 30~40대 여성들도 60~70대와 같은 디자인의 옷을 입어야 했다. 그런 그녀들의 아쉬움을 파고든 옷이 바로 크로커다일레이디다. 이처럼 30~40대 여성의 허전한 마음을 달래주며 성장했고, 최근 에스콰이아까지 인수해 머리부터 발끝까지 이어지는 패션을 완성한 회사가 패션그룹형지다.

키가 크지 않은 최병오 회장의 팽팽한 얼굴에서는 번쩍번쩍 광이 난다. 그는 커다란 목소리에 넉살과 에너지가 넘쳐서 "그래 저 정도는 되어야 동대문시장 밑바닥에서 살아남지" 하는 생각이 든다. 그는 조금이라도 배울 수 있는 자리라면 언제든지 깔끔한 정장을 차려입고 비서도 없이 나타난다. 현장에서는 "나 여기 있소"라고 크게 외치듯 맨 앞자리에서 열렬히 박수 치면서 행사에 호응한다.

## 공부가 아닌 성실함을 갖추다

최병오는 1953년 6남 1녀 가운데 셋째로 부산에서 태어났다. 어린 시절은 부유했지만, 중학교 1학년 때 석회 공장을 운영하던 부친의 갑작스러운 별세로 가세가 기울었다.

그는 고등학교 입학시험에 떨어지고 부산고등기술학교 전자과에 가까스로 들어갔지만 공부에는 뜻이 없었다. 돈을 벌고 싶었던 최병오는 고등학교를 졸업하자마자 외삼촌의 권유로 부산 국제시장의 페인트 가게에서 일하게 되었다.

부산에는 산등성이에 공장이 많은데, 그 산등성이를 하루 종일 오르내리며 페인트를 배달해야 했다. 일은 힘들고 고단했다. 최병오는 비록 가난하고 머리도 나쁘지만 그만큼 남의 이야기를 더 열심히 듣고 노력해서 꼭 성공하겠다고 매일 다짐했다.

최병오의 성실함을 눈여겨본 외삼촌은 그에게 페인트 가게를 물려주었다. 하지만 최병오는 의욕만 앞세워 무리한 투자를 했다가 7년 만에 사업을 접었다.

## 시장 한구석에서 꿈을 키우다

와신상담하던 최병오는 1982년 서울 종로5가 광장시장 한쪽에 3.3제곱미터짜리 가게를 열었다. 바지를 만들어 소매점에 파는 장사였는데 이번에는 어떻게든 돈을 벌어 성공하겠다고 이를 악물었다. 남들이 점퍼 50장을 만들 때 그는 하루 4시간만 자며 바지를 2,000~3,000장씩 만들었다. 하지만 아무리 열심히 일해도 생각만큼 돈이 들어오지 않았다. 손님들이 유명 브랜드의 제품만 찾았기 때문이었다.

고민 끝에 최병오는 직접 브랜드를 만들기로 하였다. 왕관 모양의 로고를 만들고 크라운이라는 상표를 등록했다. 그는 자신이 만든 옷에 그 크라운 상표를 붙였고, 여기에 품질보증 Q마크와 순면을 나타내는 순純마크를 추가하였다. 주변 상인들은 쓸데없는 짓이라며 비웃었지만 최병오는 우직스럽게 밀고 나갔다. 그러자 3개의 마크가 부착된 제품에 소비자들은 점차 관심을 보였고, 매출액은 폭발적으로 늘어나기 시작했다. 최병오는 이때 남들과 똑같이 해서는 절대 성공할 수 없다는 것과 반드시 나만의 브랜드가 필요하다는 사실을 깨달았다.

재도전 10년 만에 또다시 시련이 찾아왔다. 1993년 최병오는 어음 관리를 잘못해 부도를 내고 전 재산을 날렸다. 41살이 된 그는 1994년 또다시 남평화시장에 3.3제곱미터짜리 가게를 열고 형지물산을 세웠다. 초라한 재도전이었다. 하지만 최병오는 다시 한 번 불같이 일어나리라 다짐하며 불 화火자가 겹쳐 있는 형熒자를 회사명에 넣었다.

남의 이야기를 경청하고 고개를 숙였더니 사람들이 다가왔다는 최병오 회장

## 크로커다일레이디가 만들어낸 신화

최병오는 매일 새벽 3시 반에 일어나 4시에 집을 나섰다. 그는 더 부지런하고 더 열심히 사는 것이 남보다 반의 반걸음 앞서는 것이라 생각했다. 그리고 아무도 시작하지 않은 것을 과감하게 실행하는 역발상을 하려고 노력했다.

최병오는 30~50대 여성을 관심 있게 지켜봤다. 당시에 캐주얼은 젊은 여성을 상대로 한 것이 대부분이었고, 중장년층 여성을 위한 옷은 한복과 양장 그리고 일명 몸빼가 전부였다. 그는 중간 나이대인 500만 주부들이 옷에 대한 스트레스를 받지 않게 하겠다는 목표를 세웠다. 그리고 싱가포르에서 크로커다일레이디를 들여와 그녀들을 위한 여성복을 선보였다. 최병오는 중장년층 여성들이 출산과 집안일로 늘어난 군살을 감추려고 한다는 점과 살림 걱정에 비싼 옷을 꺼려한다는 점을 읽어냈다. 이에 따라 크로커다일레이디는 젊은 색상과 디자인을 갖추면서도 30~34인치의 넉넉한 사이즈를 구비하도록 하였다. 또한 최대한 제조원가를 낮추고, 백화점에 입점하기보다는 동네에 대리점을 운영하는 방식을 선택했다.

그 결과 크로커다일레이디는 순식간에 전국 500여 개 매장을 둔 브랜드로 성장하면서, 2007년 국내 단일 브랜드 사상 처음으로 매출액 3,000억 원을 돌파하였다. 도전에 나선 지 9년 만이었다.

## 패션명가로 우뚝 서다

최병오는 크로커다일레이디의 성공에 힘입어 회사를 본격적인 패션 유통 기업으로 성장시켰다. 크로커다일레이디에 이어 샤트렌 등을 선보였다. 2012년에는 예작, 본 등으로 유명한 남성복 전문 기업 우성I&C를 인수했고 2013년에는 학생복 엘리트를, 2014년에는 프랑스 브랜드 까스텔바작 골프웨어를 선보였다. 이후엔 까스텔바작 브랜드를 아예 인수했다. 2015년에는 55년 전통의 제화 브랜드 에스콰이아를 인수하며 머리부터 발끝까지 이어지는 패션을 완성했다.

또한 그는 중화권 진출을 적극 모색하고 있다. 중국 합자법인을 설립하고 6조 원 규모의 중국 교복 시장에 엘리트로 문을 두드리는 등 K-패션을 알리기 위해 나서고 있다.

2017년 3월에는 자신의 고향인 부산 사하구에 복합쇼핑몰 아트몰링을 개장했다. 개장한 지 3주 만에 80만 명이 찾는 등 출발이 좋다는 평가를 받고 있다. 최병오는 아트몰링을 부산 서부의 랜드마크로 키워 쇼핑몰 시장에도 진출하겠다는 생각이다.

## 조금만 더 참고 한결같이 부지런하라

최병오가 평생 가슴에 새기고 있는 좌우명은 '일근천하 무난사一勤天下無難事, 조금만 더 참고 한결같이 부지런히 일하면 세상에는 어려움이 없다'이다. 청년 시절 권투를 배우면서 들은 "야 인마, 조금만 더 참아!"라는 소리가 평생 인생을 살아가는 데 큰 힘을 줬다고 한다. 또한 성공을 위해서는 남들보다 반걸음만 앞서면 된다는 것이 그의 지론이다. 너무 욕심을 내서 앞서려고 하면 주변 동료나 이웃을 보지 못할 뿐만 아니라 삶이 너무 치열해져 행복한 인생을 살 수 없다는 것이다.

그래서 최병오는 자신의 성공이 계속되려면 대리점 사장들이 돈을 벌 수 있도록 도와주는 것이 가장 중요하다고 강조한다. 그는 남의 이야기를 경청하고 상대에게 고개를 더 숙였더니 오히려 사람들이 다가왔다며, 먼저 배려하면 그 보답이 2~3배가 되어 돌아온다고 힘주어 말한다.

**패션그룹형지** hyungji 패션그룹형지

패션그룹형지는 1982년 동대문 광장시장에서 '크라운사'로 시작했다. 1994년 '형지물산'이라는 이름으로 재창업하여 2009년 '패션그룹형지'로 CI를 변경했다. 크로커다일레이디, 샤트렌, 올리비아하슬러 등 여성 캐주얼이 대표 브랜드다. 2012년 이후 사업 분야를 다각화하여 23개 브랜드 전국 2,300여 개 매장을 거느리고 있다. 현재 형지I&C, 형지쇼핑, 형지에스콰이아, 형지엘리트, 형지리테일, 아트몰링 등의 계열사를 보유하고 있다. 2015년 기준 그룹 매출액은 1조 600억 원에 이른다.

# 토종 아웃도어의 자존심

강태선 블랙야크 회장

아웃도어 시장이 열리던 초창기만 하더라도 노스페이스나 컬럼비아 등 외국계 아웃도어 브랜드의 인기가 많았다. 하지만 그 옷들은 서양인 체형에 맞게 디자인돼 우리가 입기에는 조금 크고 무거웠다. 브랜드 때문에 입고 다니긴 했지만 옷에 사람을 맞춰야 하는 상황이었다. 하지만 그런 상황은 오래가지 않았다. 검은 물소처럼 생긴 로고의 블랙야크란 브랜드가 좋다는 입소문이 돌았다. 비로소 우리도 내 몸에 맞는 가벼운 옷으로 등산을 하고 사람도 만날 수 있게 됐다.

강태선 회장의 첫인상은 한마디로 산사나이다. 토종 아웃도어의 자존심으로 불리는 그가 가장 좋아하는 산이 궁금했다. 히말라야, K2, 백두산 등 여러 가지 대답을 예상했지만, 곧바로 환상은 깨졌다. '씨익~' 미소를 짓던 그는 다소 약을 올리듯 "최고의 산은 앞산이지요"라는 대답을 한다. 아침이든 저녁이든 언제든지 생각날 때면 오를 수 있는 자기 집 앞에 있는 산이 가장 좋다는 것이다.

수십 번 히말라야를 다녀온 강태선이 산에서 배운 것은 정직이다. 산은 자기 체력만큼, 자기가 준비하고 훈련한 만큼만 올라갈 수 있다. 욕심을 내면 사고가 나거나 죽는다.

또 한 가지는 큰 포부다. 끝없는 능선을 바라보며 마음속에 큰 산을 품으면, 두려움이 없어지고 어떤 것이든지 도전해볼 배짱이 생긴다는 것이다.

강태선은 취업을 앞둔 청년들에게 기업이나 국가의 정책을 탓하지 말고 자신이 하고 싶은 일을 먼저 찾으라고 조언한다. 힘들더라도 자신이 하는 일에 미칠 수 있다면 성공할 수 있기 때문이다. 그가 신입사원을 뽑을 때 반드시 산행면접을 실시하는 것도 이 같은 이유라고 한다.

## 제주에서 무작정 상경하다

강태선은 제주도 출신이다. 어렸을 때부터 한라산을 벗으로 삼고 자란 강태선은 나이가 들자 서울에 있는 한 친척 집으로 올라왔다. 그는 봉제 공장을 하던 친척 집에서 일하며 시간이 날 때마다 산을 올랐다. 당시에는 변변한 국산 등산장비가 없어 외국산을 썼는데, 한국인의 체형에 맞지 않아 불편했다.

강태선은 미군부대에서 나온 배낭을 뜯어서 살펴보고, 동대문시장에

마음속에 큰 산을 품으면 두려움이 없어진다는 강태선 회장

서 직접 원단을 구해 자신만의 배낭을 만들어 산에 올랐다. 산에서 만난 산악인들은 강태선이 직접 만든 배낭을 보며 자기 것도 그렇게 만들어 줄 수 없냐고 그에게 부탁했다. 그리고 그것은 사업으로 이어졌다.

## 히말라야에서 야크를 만나다

1973년 2월 1일 25살의 강태선은 친척에게 돈을 빌려 종로5가에서 9.9제곱미터(3평)짜리 사무실과 33제곱미터(10평)짜리 공장을 확보하고 동진이라는 회사를 세웠다. 초기에는 자이언트라는 브랜드로 배낭을 만들어 팔았는데 이후 동호인 중심으로 수요가 늘면서 텐트, 배낭, 침낭, 신발 등으로 취급 품목을 넓혔다.

초반엔 캠핑 장비 위주로 제품을 구성하다가 1990년대 들어 아웃도어로 영역을 넓혔다. 미국의 고어텍스 같은 기능성 소재를 수입해 기능성 등산복을 만들었고, 히말라야에 가는 전문 산악인들이나 남극탐험대에게 필요한 전문가용 제품도 생산했다.

1991년 정부가 갑자기 국립공원 취사와 야영 금지령을 내리면서 등산업체들은 위기에 빠졌다. 고민하던 강태선은 어차피 장사도 안되는데 이번 기회에 히말라야를 가봐야겠다 생각하고 엄홍길 대장 등과 히말라야 원정에 나섰다. 자신이 과연 기업을 살릴 능력이 되는지를 알기 위해 스스로를 힘든 시련에 몰아넣고 시험해보기 위해서였다.

그곳에서 강태선은 야크를 만났다. 히말라야에서 볼 수 있는 야크는 밭을 갈거나 짐을 나르는 데 유용할 뿐만 아니라 그 똥을 땔감으로 사용할 수 있었고, 늙으면 잡아먹을 수도 있는 모든 걸 내주는 동물이었다. 야크의 삶에서 깊은 감명을 받은 강태선은 1996년 브랜드를 자이언트에서 블랙야크로 바꾸고, 고원지대에 사는 야크의 야생적이고 강한 이미지를 표현한 로고를 만들었다.

## 천운이 된 금강산 바람

겨우겨우 위기를 버텨내던 강태선에게 기회가 왔다. 1998년 11월부터 시작된 금강산 관광이었다. 현대아산 측은 금강산 관광객에게 눈 때문에 미끄러우니 등산화와 등산복을 챙겨 입고 오라고 안내하면서 등산용품 시장이 활기를 띠기 시작했다. 등산복을 입어본 사람들이 그 옷을 산에 갈 때만 입는 것이 아니라 가까운 곳에 외출할 때도 입으면서 본격적인 아웃도어 시장이 열린 것이다.

강태선은 이 과정에서 여성에게 주목했다. 그동안 등산은 위험하다는 편견 때문에 남성의 전유물로만 인식됐는데, 산을 찾는 여성이 폭발적으로 늘어났기 때문이다. 강태선은 등산복의 성격을 야외 활동에 적합한 아웃도어로 바꾸고 여성의 라인을 살린 디자인을 적용했다. 여성들이 이 옷을 운동할 때는 물론이고 쇼핑, 모임, 동창회에 갈 때도 입게 되면서 블랙야크는 폭발적인 성장을 거듭하기 시작했다.

## 실패를 딛고 세계로 진출하다

강태선은 시장을 선점하면 시장을 지배할 수 있다는 믿음으로 세계적인 브랜드를 만들기 위해 일찌감치 해외 진출을 시도했지만, 어려움이 많았다. 1996년 중국 천진에 과감하게 공장을 세웠지만 곧바로 외환위기가 찾아오면서 중국 회사를 정리했다.

1998년 중국에 다시 도전하면서, 지금은 아시아 8개국과 유럽 13개국, 북미에서 활발한 활동을 하고 있다.

강태선은 마운티아, 카리모어, 마모트 그리고 미국에서 최근 인수한 나우 등 6개 브랜드를 앞세워 아시아, 유럽, 북미 세 대륙을 각각에 걸맞은 전략으로 도전할 계획이다.

여기에는 47년 역사를 가진 세계 최대의 스포츠용품 박람회 ISPO 수상 실적이 큰 힘이 되고 있다. 전 세계 50개국이 참여하는 박람회에서 블랙야크는 2016년에 무려 11개 부문에서 수상을 했다. 한 회사가 독식한다는 비판을 우려해 심사를 엄격히 한 2017년에도 3개 부문에서 수상해 제품력을 다시 한 번 확인받았다.

## 산 그리고 산악인을 위해

강태선은 사업을 시작하면서 국내 산악인에 대한 후원을 계속하고 있다. 대표적인 산악인은 바로 김미곤 대장과 여성 산악인 오은선 대장이다. 알프스 3대 북벽을 등정한 김미곤 대장은 블랙야크 후원으로 히말라야 14좌 등반에 도전하고 있으며 마지막 1개 봉우리만 남겨두고 있다.

산을 테마로 한 사회 공헌 활동도 빼놓을 수 없다. 블랙야크는 매년 이익의 2%를 출연하여 산악인 자녀와 네팔 등을 돕고 있다. 산이 있어야 아웃도어도 가능하다고 생각해 우리나라의 100대 산에 오르는 '100대 명산도전단'도 운영하고 있다. 지금까지 3만 6,000여 명이 도전해 1,000여 명 가까이 완주에 성공했다. 또한 도전단이 1미터 오를 때마다 1원씩 기부금이 쌓인다. 도전단은 산에 버려진 쓰레기를 줍는 활동도 하면서 우리 산 가꾸기에 동참하고 있다.

**블랙야크**

블랙야크는 1973년 동진에서 시작됐으며, 국내 순수 기술로 자체 개발한 등산의류 및 등산용품을 판매하는 아웃도어 브랜드다. 2013년까지 매년 30%가 넘는 성장률을 보이며 2013년 기준 6,700억 원의 매출액을 올렸다. 아웃도어 시장이 포화 상태라는 지적에 따라 골프웨어 시장 진출을 준비하는 한편 해외 시장 공략에 박차를 가하고 있다.

## 구로공단에 패션 왕국을 건설하다

### 홍성열 마리오아울렛 회장

아마도 오랫동안 해외에 있다 돌아온 사람이라면 구로공단을 보고 깜짝 놀랄 것이다. 먼저 이름이 가산디지털단지로 바뀌어서 혼란스러울 것이고, 두 번째로 어두컴컴한 회색 건물의 봉제 공장 대신 멋지게 차려입은 젊은이들로 가득 찬 아웃렛이 곳곳에 자리를 잡고 있기 때문이다.

이런 문화의 거리를 만든 사람이 홍성열 회장이다. 패션 1세대라는 호칭에 걸맞게 모델 수준의 옷매무새를 뽐내는 그는 항상 만면에 부드러운 미소를 띤다. 대화를 할 때는 자신만의 확실한 주관을 드러낸다. 아마도 구로공단에 패션타운의 터를 닦으면서 수많은 관행과 편견에 맞서 싸운 결과물일 것이다.

홍성열은 직원들을 만날 때면 "수고가 많다. 덕분에 회사가 아주 잘나가고 있다"고 격려한다. "이것밖에 못하냐"는 부정적인 말로 직원들을 대하면 직원들이 잘못될 수밖에 없다는 것이 그의 생각이다.

## 창업 자금은 단돈 200만 원

어렸을 적 어머니가 자신의 스웨터를 짜주던 기억을 갖고 있던 홍성열은 자연스레 편물기에서 나오는 스웨터에 관심을 가지게 되었다. 스웨터 시장은 당시만 하더라도 대부분 하청을 받아 대기업에 납품하는 방식이었다.

1980년 홍성열은 형제들로부터 빌린 200만 원으로 직원 4명과 함께 대방동에 스웨터 공장을 차렸다. 그런데 직접 시장을 조사하고 디자인해 만든 스웨터인데 남의 브랜드로 납품을 한다는 것에 자존심이 상했다. 그래서 처음부터 마리오라는 브랜드를 만들었다.

새로운 브랜드를 만들기 위해서는 그만큼 차별화가 필요했다. 홍성열은 직원들과 함께 직접 동대문시장에 찾아가 해외에 수출하거나 대기업에 납품하고 남은 질 좋은 원사들을 구입해서 직접 합사를 했다. 가장 큰 문제였던 보풀이 일어나지 않는 원사를 확보하기 위해 밤새 노력하다 보니 그 어디에서도 찾을 수 없는 마리오만의 원사가 생겼다. 그는 직접 공부해 얻은 염료 기술로 스웨터를 염색했고, 디자인 패턴이나 재봉틀 작업도 일일이 손수 하면서 실력을 쌓아갔다. 밤에는 자신이 만든 스웨터가 수축이 되는지 안 되는지 알아보기 위해 직접 입고 자기도 했다.

공장단지를 패션타운으로 변화시킨 홍성열 회장

### 37년 역사의 시발점, 까르뜨니트

마리오의 스웨터가 인기를 끌면서, 홍성열은 좀 더 고급스러운 시장에 도전하기 위해 까르뜨니트라는 브랜드를 새롭게 만들었다. 까르뜨니트는 국내 자본과 기술력에 의해 개발된 순수 국내 브랜드였다. 까르뜨니트는 독창적인 디자인과 고급스러운 소재, 우아하면서도 세련된 스타일로 국내 대표 스웨터 브랜드로 성장했다. 그리고 마리오아울렛 37년 역사의 시발점이기도 했다. 홍성열은 스웨터는 겨울에만 입는 옷이란 통념을 깨고 사계절 내내 입을 수 있는 옷이라는 점을 강조했다. 그는 까르뜨니트를 신문이나 TV 등 각종 매체에 광고도 하고 백화점에 입점도 시켰다. 당시에 일본 백화점 관계자들이 한국을 방문했는데, 까르뜨니트의 우수성을 알아보고 그에게 일본 백화점에도 수출해줄 것을 요구하기도 했다.

홍성열은 질 좋은 원사와 색감 그리고 세련된 디자인만 있으면 어디든 통할 수 있다는 자신감을 갖게 되었다. 당시 유명 백화점에는 모두 까르뜨니트 매장이 있었고, 급기야 국내 스웨터 시장에서 50%의 시장 점유율을 올리게 됐다.

일본에 수출되는 제품이라는 입소문이 돌면서 판매가 크게 늘자 홍성열은 본격적으로 스웨터 사업에 매진했다. 구로공단에 공장과 사옥을 짓고 스웨터 내수 판매와 수출에 주력하기 시작한 것이다. 그는 어떤 일이 있어도 약속을 지켰다. 그리고 제품에 작은 하자가 생기면 일본까지 달려가 해결하면서 신뢰를 쌓아갔다.

## 위기 속에서 더욱 공격적으로

모든 게 순조롭지만은 않았다. 1987년에는 태풍 셀마로 큰 수해가 나면서 대방동에 있는 공장에 물이 찼다. 소방차가 와서 공장에 찬 물을 빼내는 데 3일이나 걸렸을 정도였다. 물을 빼고 나서 공장에 들어갔는데 일본에 보내줘야 할 스웨터들이 엉망이 되어 있었다. 홍설열은 망했다고 생각했다. 일본 백화점에 솔직한 사정을 말했다. 그런데 의외의 답변이 돌아왔다. 그동안 꾸준히 질 좋은 제품을 만들어줘 손님에게 많이 팔 수 있었다며 자신들이 조금 피해를 보더라도 기다려줄 테니 공장을 빨리 정상화하라는 따뜻한 답변이었다. 그동안 보여준 그의 신뢰가 일본 바이어의 무한 신뢰로 이어진 것이다. 납기일이 연장된 홍성열은 필사의 노력으로 제품을 납품했다.

2차 위기는 외환위기였다. 백화점들이 하나둘씩 부도가 나고, 스웨터를 만들던 다른 경쟁사들도 힘없이 무너졌다. 막막했던 홍성열은 오히려 발상의 전환을 했다. "이렇게 다들 힘들어서 무너질 때 더 공격적으로 하면 어떨까. 외환위기라고 사람들이 옷을 안 입는 것도 아닌데 경쟁사가 없을 때 더 빨리 클 수 있지 않을까." 홍성열은 디자인과 원사를 보강하기 위해 더 열심히 뛰어다녔고, 결국 외환위기 때 회사의 규모는 더 커졌다.

## 공장 사이에 쇼핑몰을 만든다고?

홍성열은 평소에 옷 장사라면 누구나 갖고 있는 고민인 재고를 처리할 곳이 필요하다고 생각했다. 그러던 중 그는 미국 우드베리와 일본 고텐바 같은 유명 아웃렛 거리를 돌아보면서 국내에도 백화점식 아웃렛이 있으면 좋겠다고 판단했다. 마리오아울렛을 시도하게 된 계기였다.

하지만 주변에서는 외환위기로 멀쩡한 회사도 무너지는 판에 너무나 무모한 도전이라고 반대가 잇따랐다. 컨설팅사도 철 지난 재고 옷으로 사업을 하는 것은 안 된다는 지적을 했다. 장소도 문제였다. 1970년대에 성황을 이뤘던 굴뚝 공장들이 문을 닫아버린 후로 구로공단은 유동인구가 급격히 줄어 있었다.

홍성열은 공장 근처인 만큼 물류비와 임대료를 아껴 좋은 제품을 싸게 판다면 반드시 손님이 올 것이라 확신하고 밀어붙였다. 하지만 시련은 계속됐다.

공장이 모여 있는 공단 근처에 아웃렛을 만든 것에 대해 패션 회사들은 말이 안 된다고 무시했다. 패션 회사들이 입점을 거부하면서 자신을 믿어주는 150개 브랜드만 겨우 입점했다. 푸드코트도 마찬가지였다. 유명 프랜차이즈 회사들이 입점을 거부하는 바람에 친인척과 친구들을 설득해 간신히 매장을 채울 수 있었다.

주변에서 걱정할수록 홍성열은 이를 악물고 가격이 싸다는 점을 사람들에게 적극적으로 홍보했다. 그렇게 2001년 7월 마리오아울렛이 문을 열었다. 그리고 손님들이 몰려들었다.

## 불합리한 규제와 싸우다

가산디지털단지 패션유통타운은 도심 공장지대에 자리한 세계적으로 손꼽히는 대규모 패션유통의 중심지로 국내외 관광객이 몰려들고 있다. 하지만 이 단계에 오기까지는 우여곡절이 많았다.

홍성열이 마리오아울렛을 세운 곳은 국가산업단지로 지정돼 아파트형 공장만 허용된 곳이었다. 손님이 몰려들면서 1층과 2층에 대거 점포를 냈는데, 해당 공장에서 만든 제품이 아니라는 이유로 담당 구청은 6,000만 원의 이행 강제금을 부과했고, 산업단지공단은 입점한 타사 매장을 불법으로 규정지었다. 홍성열은 소비자의 요구에도 불구하고 해당 공장에서 생산되는 제품만 판매하라는 것은 구시대적인 법이라고 생각해서 행정법원에 소송을 제기했다. 지루한 법정공방이 이어지던 2009년, 정부는 마리오아울렛을 둘러싼 규제를 모두 풀어주었다.

불법이라는 굴레를 벗어던진 홍성열은 곧바로 백화점 형태를 결합시킨 마리오아울렛 3관 추진에 나섰고, 15년간 오랜 숙원 사업이었던 마리오아울렛 패션타운을 완성하게 되었다. 영업 면적만 13만 2,000제곱미터(4만 평), 입점 브랜드 600여 개에 달하는 국내 최대 패션 아웃렛이었다.

마리오아울렛의 성공을 본 롯데와 현대 등 유통 공룡들이 가산디지털단지 패션유통타운으로 속속 진출하기 시작했다. 여기에 중국, 일본, 동남아의 관광객이 몰려들면서 가산디지털단지 패션유통타운의 전체 매출액은 현재 1조 원대로 성장하였다.

## 마리오아울렛 MARIO Outlet

마리오아울렛은 2001년에 1관을 시작으로 2013년 3관까지 개장하면서 아시아 최대 규모의 도심형 아웃렛을 완성했다. 600여 개에 이르는 국내외 유명 브랜드가 입점하고 있는 마리오아울렛은 2016년 기준 평일에는 10만 명 이상, 주말에는 20만 명의 고객이 찾는다. 2015년에는 매출액 3,000억 원을 훌쩍 넘어섰다.

## 노점상에서 일군 패션몰 신화

전상용 오렌지팩토리 대표

서울을 포함한 수도권 곳곳에 오렌지팩토리라는 커다란 간판을 발견하기가 어렵지 않다. 사람들은 그 신선한 이름과 디자인을 보면서 외국계 패션몰이 우리나라에 들어와 제법 크게 성공했다고 오해하기도 한다.

필자는 우연찮게 오렌지팩토리를 만든 전상용 대표를 만나게 되었다. 티셔츠 하나 걸친 허름한 인상을 가진 사람이었다. 그런 그가 이렇게 감각적인 매장을 운영하다니 사람은 겉만 보고 판단해서는 안 된다는 생각을 했다.

오렌지팩토리는 저렴하고 질 좋은 제품을 확보하고 있는 까닭에 중국 등 여러 나라에서 러브콜을 받고 있다. 하지만 전상용은 섣불리 움직이지 않고 상황을 조용히 지켜보고 있다. 맨땅에 헤딩하듯 노점상에서 이룬 성공이기 때문에 그는 시장의 움직임을 몸으로 느끼며 세계로 진출할 적기를 파악하고 있는 것이다.

전상용이 고객을 대하는 생각과 행동은 매우 파격적이다. 화장실에 자신의 전화번호를 적어두고 고객 불편사항을 직접 듣기도 하고, 고객이 매장에서 다치거나 큰 문제가 생기면 바쁜 시간을 쪼개서라도 직접 챙기곤 한다. 또 고객감사 세일이나 신규 개점 행사 등 큰 행사로 일손이 부족하면 본인이 직접 청소를 하고 고객 불만에 응대한다. 노점상 시절처럼 그는 언제나 현장에서 어슬렁거린다.

## 살아남아야 한다

서울 중랑천 인근 판자촌에 살았던 전상용은 1979년 중학교를 졸업할 즈음 부모님이 돌아가셨다. 워낙 찢어지게 가난했던 탓에 고등학교 진학은 아예 꿈도 못 꾸고, 곧바로 먹고사는 문제를 해결하기 위해 뛰어야 했다.

그는 17살 어린 나이에 농약 공장 인부를 비롯해 트럭 조수 등으로 일했다. 나이가 들면서 냄비 장사, 책 장사, 숙식을 제공받는 운전기사 등 닥치는 대로 일을 했다. 그저 살아남기 위해 발버둥 치면서도 악착같이 돈을 모아야겠다고 생각했다. 단 하루도 쉬지 않고 새벽부터 밤늦게까지 5년 넘게 일하면서 최대한 돈을 아끼며 한 푼 두 푼 모았다.

## 길거리에서 옷 장사를 시작하다

20대에 들어선 어느 날, 전상용은 그동안 모은 돈으로 길거리에서 옷 장사를 시작했다. 도매상에서 품질이 괜찮은 옷을 구한 다음, 일명 이민 가방에 넣고 다니다 서울 여의도 증권가를 비롯해 을지로 롯데백화점 근처 길거리에 펼쳐놓고 옷을 팔았다. 단속이 뜨면 잽싸게 펼쳐져 있던 옷을 모아 달아나야 했고, 때로는 근처 불량배의 협박도 받았다.

더 이상 물러설 곳이 없었던 전상용은 이를 악물고 장사를 했다. 그 시절 길거리에서 함께 장사하던 친구가 현재 충청남도 최대 규모인 퍼스트아울렛을 운영하는 이남욱 대표다. 당시 전상용은 옷을, 이 대표는 지갑이나 가죽벨트를 팔았는데, 비슷한 나이라서 서로 의지하게 되었고 그렇게 평생 친구가 되었다.

전상용은 질 좋은 옷을 최소 마진만 남기고 정직하게 팔면 성공할 수 있을 것이라고 믿었다. 수년 동안 더운 날, 추운 날 가리지 않고 악착같이 장사해서 종잣돈을 마련한 그는 빈 공터에 천막을 치고 물건을 파는 일명 땡처리 기획전을 시작했다. 의류 재고품을 현금으로 싸게 사서 떨이로 사람들에게 되파는 것인데, 지금처럼 아웃렛이나 대형마트가 없던 시절에는 파격적인 행사였기에 손님이 줄을 이었다.

전상용은 1988년 우진패션비즈를 창업하면서 본격적인 사업에 나섰다. 창업 멤버는 잘 배우고 조건이 좋은 사람들이 아닌 폭력배, 노숙자 같은 길거리 부랑아 출신들이었다. 이렇게 모인 15명의 창업 멤버들은 지금까지 전상용과 함께하고 있다.

정직한 마음으로 좋은 제품을 싸게 공급한다는 전상용 대표

## 땡처리 노하우를 아웃렛에 연결하다

10여 년간 땡처리 기획전으로 돈을 모은 전상용은 1997년 용인, 남양주 등 수도권에 창고형 아웃렛 매장을 잇달아 열었다.

때마침 불어닥친 외환위기로 의류 공장이 부도가 나서 제품을 쉽게 확보할 수 있었고, 지갑이 얇아진 서민들의 발길이 이어지면서 땡처리 시장이 활황을 맞았다. 당시 지방 방송사는 아침 방송의 땡처리 행사 홍보광고비로 버텼다는 속설이 나올 정도로 행사장은 사람들로 붐볐다.

땡처리 시장에서 잔뼈가 굵은 전상용에게 돈을 버는 것은 땅 짚고 헤엄치기처럼 쉬운 시절이었다. 이때 그는 미래로 시선을 돌렸다. 유명 브랜드의 비싼 제품을 할인해 판매하고 있지만, 소비자의 패션 욕구를 제대로 소화하지 못하고 제품 공급도 조만간 한계에 봉착할 것으로 내다봤기 때문이다.

전상용은 조만간 손님을 직접 상대하는 가게 주인이 직접 옷을 만들어서 파는 세상이 올 것이라고 생각했다. 그래서 2000년에 탄생한 것이 오렌지팩토리 1호점이다. 오렌지팩토리는 자라, 유니클로처럼 상품 기획부터 생산, 판매까지 일괄적으로 하면서 동시에 타사 브랜드도 입점시키는 독특한 형태를 띠었다.

오랜 장사 경험으로 원단을 비롯해 제품의 원가를 샅샅이 아는 전상용은 좋은 기술과 브랜드를 가졌지만 외환위기로 부도가 난 회사들을 눈여겨보았다. 자체 브랜드를 가지고 있으면 옷값을 낮출 수 있기 때문이었다. M&A 시장에 매물로 나온 캐주얼 브랜드 쿨하스, 신사복 브랜드 트레드클럽, 숙녀복 브랜드 아라모드를 잇달아 합병하면서 오렌지팩토리는 젊은이뿐만 아니라 모든 연령대를 위한 다양한 제품을 취급하게 되었다.

여기에 중심지보다 상대적으로 운영비가 절감되는 외곽 지역에 쇼핑 매장을 확보하는 전략으로 제품 가격에 반영되는 비싼 임대료를 낮춰서 소비자 부담을 줄였다.

의류 회사의 고질병인 재고 처리도 과감히 접근했다. 가령 제조원가가 1만 원인 티셔츠를 1만 3,000원에 내놓았는데 안 팔리면 즉시 가격을 5,000원으로 낮춰서 판매했다. 이른바 '재고율 제로경영'이었다. 재고에 신경 쓰는 대신 그는 좋은 원단이 있으면 해외로 곧바로 달려갈 정도로 품질 관리에 초점을 맞추고 있다.

### 야심차게 준비 중인 세계 진출

좋은 옷을 싸게 판다는 전상용의 신념은 해외에도 소문이 났다. 그러면서 한화로 225조 원의 자산을 관리하는 중국 신다그룹의 끈질긴 구애를 받았다. 총 2조 원 규모의 중국 측 투자를 이끌어낸 오렌지팩토리는 앞으로 5년간 중국에 300개의 매장을 열고, 중국 내 생산분 외에 오렌지팩토리가 직접 생산하는 제품도 수출한다. 사업이 본격화되면 로열티만으로도 매년 2,500억 원 규모의 수익을 올릴 것으로 기대하고 있다. 다만 중국 진출에 많은 기업들이 실패했다는 사실을 잘 아는 전상용은 서두르지 않고 내실을 다지는 전략으로 중국 측과 협의하고 있다.

동남아 진출도 빨라지고 있다. 인도네시아 자카르타의 해외 1호 매장을 시작으로 베트남 하노이에 2호 매장을 열었고 캄보디아 프놈펜과 앙코르와트 등 주요 관광지에 3곳의 매장을 열 예정이다. 또한 3년 내에 해외 매장을 20개까지 늘린다는 야심찬 계획을 세워놓고 있다.

### 어린 시절 기억을 떠올리며

전상용은 2013년부터 전국에 있는 소방관 4만 명을 대상으로 오렌지팩토리 전 제품을 50% 할인 판매하는 행사를 하고 있다. 2012년 겨울 오렌지팩토리 매장에서 화재가 발생했는데, 당시 전상용은 소방관들이 특수 장갑이 아닌 목장갑에 비닐장갑을 낀 채 소방작업을 하는 것을 보고 마음이 아팠다고 한다. 그들을 도울 방법을 찾던 끝에 그는 할인 행사를 시작했는데, 이를 금액으로 환산하면 연간 40억 원 정도를 기부하는 셈이라고 한다.

찢어지게 가난했던 어린 시절의 기억을 가진 전상용은 소방관을 비롯해 소외계층 지원에 관심이 많다. 그는 지난 2015년 대지진으로 고통을 겪은 네팔인 지원 프로그램에 동참하는가 하면, 주변에서 밥을 굶는 아이들만큼은 없게 하겠다는 마음으로 결식아동 돕기에도 적극 나서고 있다.

**오렌지팩토리 ORANGE:FACTORY**

오렌지팩토리는 1988년 우진패션비즈로 시작하여 2000년에 오렌지팩토리 1호점을 개점했다.

현재 80여 개 이상의 직영매장에 30여 개의 브랜드를 운영하고 있다. 2012년에 매출액 2,000억 원을 돌파했고, 2017년에는 3,000억 원을 바라보고 있다. 2015년부터 중국 시장 진출을 준비하고 있다.

# 해외 시장 개척만이 살길이다

강덕영 한국유나이티드제약 회장

한국유나이티드제약은 이름만 들었을 때는 외국계 제약 회사의 한국 지사 정도 되는구나 하는 생각이 들지만, 사실 토종 제약 회사로 해외 제약 시장에서는 한국을 대표하는 작지만 단단한 기업으로 소문나 있다.

강덕영 회장의 모습도 그렇다. 키는 다소 작지만 다부진 모습이다. 그리고 조금만 이야기해보면 정말 건강한 의식을 갖고 있다는 생각이 든다. 제약 회사 영업사원이었던 그는 사업 초창기부터 해외 시장을 겨냥해 회사의 내실을 다졌다.

문단이나 예술계에서도 강덕영은 무거운 존재감을 갖고 있다. 그는 독실한 기독교인으로 오랫동안 칼럼과 수필을 써왔고, 얼마 전에는 공식적으로 문단에 등단했다. 그런가 하면 중소 제약사로는 드물게 오케스트라단을 운영해 문화를 통한 사회봉사 활동에도 여념이 없다.

## 나는 사장이 되고 싶다

강덕영은 서울 중동고등학교를 나와 한국외국어대학교 무역학과를 졸업했다. 그는 어린 시절 책상 앞에 "사장이 되겠다"라는 글을 써 붙여 놓을 만큼 사장이 되고 싶다는 열망이 컸다.

강덕영은 1971년 첫 직장으로 스위스 제약 회사인 산도스제약에 입사했다. 그는 낯선 사람들에게 물건을 파는 것이 재미있어 보여 영업직에 도전했다. 신입사원 시절 목표는 1등 영업사원이 되는 것이었다. 서러움도 많이 당했다. 하지만 거래처가 제아무리 문전박대를 해도 계속 찾아갔다. 그는 포기하지 않고 될 때까지 해보기로 마음먹었다. 웃는 얼굴에 침 못 뱉는다고, 항상 웃는 얼굴로 다가서던 강덕영은 결국은 거래처의 마음을 열 수 있었다.

그는 아침 일찍 출근했고 영어공부도 열심히 했다. 또한 해외 영업도 적극적이었다. 그런데 해외에 나가 보면 영업사원 출신들이 제약 회사 관련 사업을 하는 경우를 자주 볼 수 있었다. 10년 가까이 영업을 하면서 부장 승진을 앞둔 강덕영은 이제는 때가 되었다고 생각했다. 과감하게 사직서를 제출한 뒤, 의약품 수입 도매상을 차렸다.

## 수출 전문 제약 회사를 차리다

도매상을 하고 있던 강덕영은 문득 회의감이 들었다. 아무리 돈을 잘 벌어도 결국 남의 물건을 팔아주는 것이기 때문이었다. 그는 자신의 제

꿈과 희망으로 인생에 도전장을 던지라는 강덕영 회장

품을 만들자는 생각을 했다. 그리고 제약 회사를 차리기로 마음먹었다.

당연히 주위에선 무모한 도전이라며 많은 반대를 했다. 하지만 그는 1%의 성공 확률에 도전해보자는 마음으로 1987년에 한국유나이티드제약을 설립했다. 첫 직장을 가진 지 16년 만이었다. 지금도 유나이티드United란 이름 때문에 외국계 제약사의 한국 법인으로 오해받기도 한다. 하지만 처음부터 수출을 목적으로 한 글로벌 제약 회사를 만들겠다는 목표를 세웠기 때문에 회사 이름을 일부러 그렇게 지었다고 한다.

강덕영은 영업사원 출신인 만큼 판매에는 자신이 있었다. 하지만 약을 만드는 데 필요한 기술을 확보하는 것은 어려웠다. 특히 막대한 자금과 긴 시간이 필요한 신약 개발은 국내 대기업도 성공하기 힘들었다. 그래서 그는 특허권이 만료된 의약품, 제네릭(복제약) 제조에 도전했다. 제조법만 알면 약을 손쉽게 만들 수 있기 때문이었다.

제품에는 자신이 생겼지만, 조그만 신생 회사의 제품을 팔기란 쉽지 않았다. 강덕영은 어차피 판매가 어렵다면 제품의 품질로 승부를 걸 수 있는 해외 시장 진출을 적극적으로 시도해보기로 했다.

하지만 제약 시장은 대부분 선진국에서 독점하는 상황이었다. 그런데 한국이라는 작은 나라에서 의약품을 만들어왔다고 하니, 그 성능에 대해서 의심하는 사람들이 많았다. 강덕영은 그런 인식을 깨려고 해외에 직접 지사를 설립해 현지 시장을 파악하고 공격적인 영업에 들어갔다. 결국 베트남, 미국, 필리핀 등 하나씩 수출 물꼬를 터가며 입지를 다졌다.

## 외환위기 속에서 사람을 얻다

해외 시장을 적극 공략하겠다는 강덕영의 판단은 1997년 외환위기에서 빛을 발휘했다. 전체 매출액에서 수출이 25%에 달했는데, 수출 대금으로 받은 달러의 가치가 급속도로 올랐기 때문이다. 강덕영은 그 자금을 충청남도 연기군의 3만 3,000제곱미터(1만 평) 공장부지에 투자했다.

무엇보다 좋은 사람을 많이 확보한 것도 큰 성과였다. 외환위기를 맞아 많은 제약 회사들은 유능한 연구원들을 대상으로 구조조정을 했다.

강덕영은 그 연구원들을 회사로 영입하고, 단 1명도 해고하지 않았다. 덕분에 직원들은 더욱더 회사에 애사심을 갖고 열심히 일했다. 그러자 회사가 활기를 띠기 시작했고 당연히 매출액이 오르기 시작했다.

강덕영은 매년 매출액의 13%가량을 연구개발에 투자하는데, 이러한 투자가 쌓이면서 2010년에 큰 성과를 낼 수 있었다. 바로 소염진통제 개량신약인 '클란자CR정'으로 그해 그 약으로만 50억 원어치를 판 것이다.

최근 그는 국내에서 미국 cGMP 가이드라인에 따른 개량신약 공장을 완공했으며, 앞으로 항암제를 생산할 공장도 세울 예정이다. 더 나아가 미국 유통 회사 및 등록업자와 함께 미국 시장에 진출하는 방안도 추진하고 있다.

## 그럼에도 불구하고

강덕영이 가장 좋아하는 영어 숙어는 'In spite of' 즉 '그럼에도 불구하고'다. 외환위기에도 불구하고, 또 FTA라는 어려움에도 불구하고 우리는 할 수 있다는 생각이 지금의 성공을 가져왔다는 것이다. 그리고 그는 세계화를 강조한다. 이제 한국만으로는 시장이 좁다. 1%밖에 안 되는 시장을 벗어나서 99%의 세계 시장으로 나가자는 것이다. 마지막은 이렇게 해서 벌어들인 돈을 사회의 그늘진 곳과 꼭 해야 된다고 생각하는 중요한 부분에 쓰자고 이야기한다.

강덕영은 흙수저를 한탄하는 젊은이에게도 할 말이 많다.

"요즘 많은 젊은이가 어려움을 당하면 쉽게 좌절하고, 또 일이 잘못되면 그것을 자신이 책임지고 수습하려 하기보다는 남의 탓을 하거나 변명하는 모습을 자주 볼 수 있다. 어렵고 힘든 환경이지만 '그럼에도 불구하고 나는 할 수 있다'라고 부딪치고 도전할 때 성공은 어느덧 자신 앞에 와 있을 것이다. 모든 성공은 긍정적인 사고에서 출발한다는 것을 말해주고 싶다. 젊은 청년들도 꿈과 희망을 가지고 인생에 도전장을 던져봤으면 좋겠다."

## 제품에 문화를 담는다

강덕영은 제56회 한국 크리스천문학가협회 총회 및 시상식에서 수필 〈베네치아의 그림자〉로 신인작품상을 수상하며 문단에 등단했다. 관광지로 전락한 물의 도시 베네치아를 여행한 뒤 쓴 글이다.

꾸준하게 글을 쓴 강덕영은 지금까지 《사랑하지 않으면 떠나라》, 《1% 가능성에 도전하라》, 《그럼에도 불구하고 할 수 있다》 등의 경영 칼럼집과 《종교인과 신앙인》, 《좋은 교인, 좋은 크리스천》 등의 종교 칼럼집을 출간하기도 했다.

그는 사회적 책임을 다하기 위해 유나이티드문화재단을 운영하면서 글로벌 인재 육성 프로젝트, 의약품 무상 지원, 해외 의료 봉사, 조선족 어린이 방송문화축제 등을 지속적으로 진행하고 있다.

특히 그는 서초동 인근에 오케스트라 전용 연습실 공간을 구입했다. 이 공간은 '유나이티드 필하모닉 오케스트라' 전용 연습실로 여기서 '유나이티드 오케스트라 콘서트'를 연다. 그는 제품을 수출하는 48개국에 우리나라 문화도 함께 수출하는 것이 꿈이다. 즉 제품과 문화를 패키지로 그 나라에 함께 심는 '글로벌 CSR Corporate Social Responsibility'을 꿈꾸는 것이다.

## 한국유나이티드제약

한국인의 다국적 제약기업
한국유나이티드제약(주)

한국유나이티드제약은 1987년에 설립되어 200여 종에 이르는 의약품을 제조하고 세계 40여 개국에 수출하는 다국적 제약 회사다. 유나이티드인터팜, 한국바이오켐제약, 케일럽멀티랩 등의 계열사를 보유하고 있으며 1999년 코스닥에 상장한 이후 2007년에 유가증권 시장으로 이전 상장했다.

한국유나이티드제약은 2009년과 2010년에 미국 경제 전문지 〈포브스〉로부터 '아시아태평양 200대 유망 중소기업'으로 뽑혔다. 2015년 매출액 1,620억 원, 2016년 매출액 1,769억 원을 달성했다.

자수성가로 부자의 꿈을 이룬
25인의 마법 같은 이야기

# 1조 원의 사나이들

**초판 1쇄** 2017년 8월 10일
**초판 7쇄** 2020년 12월 31일

**지은이** 정창원
**펴낸이** 서정희
**펴낸곳** 매경출판㈜
**책임편집** 고원상
**마케팅** 신영병 이진희 김예인

**매경출판㈜**
**등록** 2003년 4월 24일(No. 2-3759)
**주소** (04557) 서울시 중구 충무로 2(필동1가) 매일경제 별관 2층 매경출판㈜
**홈페이지** www.mkbook.co.kr
**전화** 02)2000-2632(기획편집) 02)2000-2636(마케팅) 02)2000-2606(구입 문의)
**팩스** 02)2000-2609 **이메일** publish@mk.co.kr
**인쇄 · 제본** ㈜M-print 031)8071-0961
**ISBN** 979-11-5542-707-1(03320)